AF249992

STILICON,

TRAGEDIE.

Suivant la Copie imprimée
A PARIS,

M. DC. LXL

AVEC PRIVILEGE DU ROT.

A

MONSEIGNEUR

LE

CARDINAL

MAZARIN.

MONSEIGNEUR,

Quelque indigne que soit STILICON, de paroistre devant VOSTRE EMINENCE, j'ose abuser des approbations que le Public luy a données, pour chercer à rougir moins de la liberté que je prens de vous l'offrir. l'Histoire le marque pour vn des plus Grands Hommes de son Siecle ; dans les divers honneurs que ses longs services luy firent obtenir, il merita que l'Empereur Theodose le laissast pour Tuteur à Honorius, qui daigna depuis se faire son Gendre, & il n'y auroit peut estre rien eu jusques à luy de plus éclatant que sa vie, s'il n'eust pas laissé surprendre son devoir aux tendresses inconsiderées de la Nature, & oublié ce qu'il devoit à son Maistre, pour rendre ce qu'il ne devoit pas à son Fils. Mais, MONSEIGNEUR, c'est une tache qu'il auroit sans doute épargnée à sa gloire, s'il avoit esté assez

A 2

hess-

EPISTRE.

heureux pour estre reservé à naistre dans le
temps où je me suis efforcé de le faire revivre.
Il ne trouvoit rien alors qui luy offrist l'image
parfaite de cette fermeté heroique, qui soûmet
à une belle ame l'empire de ses passions ; & ses
propres mouvemens estant ce qu'il avoit de plus
illustre à consulter pour regles de sa conduite,
ils ne luy suffisoient pas à luy faire acquerir
cette pleine & inébranlable vertu, dont il ne
voyoit point d'exemples. Mais aujourd'huy,
MONSEIGNEUR, qu'il auroit eu celuy de VOSTRE EMINENCE, &
que ces hautes qualitez, qui vous asseurent l'ad-
miration de toute la Terre, auroient fortifié les
favorables dispositions qu'il avoit aux grands
sentimens, il y a lieu de croire que l'ardeur de
vous imiter l'eust garanty des surprises d'une
ambition qui l'a mis dans le précipice, & que
par cet heureux secours il se seroit dégagé de cette dangereuse foiblesse, qui l'a enfin abandonné
au plus criminel emportement. En effet, MON-
SEIGNEUR, pour trouver un veritable
Heros, il le faut chercher dans VOSTRE
EMINENCE. De tous ceux que nous
vante l'Antiquité, aucun ne nous en fournit un
caractere si solide, & vous nous faites voir en
vous ce qui hors de là semble ne pouvoir estre
que la vaine idée d'une belle resverie, & l'inutile effort d'une agreable imagination. Il s'en
trouve qui selon leurs diverses inclinations

nous

nous ont laiſſé des traits aſſez achevez de prudence, d'équité, de moderation, de conſtance &
de generoſité : mais toutes ces differentes ver-
tus n'ont jamais eſté qu'une imparfaite ébau-
che de celles que vous nous avez fait paroiſtre,
& à bien examiner le Principe dont elles ſont
parties, ils les ont peut-eſtre poſſedées trop pai-
ſiblement, pour ne ſembler pas avoir pluſtoſt
cedé à la pante naturelle qu'ils y ont euë, que
d'avoir eu beſoin de triompher d'eux-meſmes
pour s'y affermir. Cependant on peut dire qu'il
y a ce ſcrupule dans l'exacte vertu, que tant
qu'elle n'a pas eſté fortement combatuë, elle
ne merite point cette veritable eſtime qui en
fait le plus noble prix. Il faut que les grandes
épreuves ſervent à la juſtifier ; & c'eſt par
là, MONSEIGNEUR, que tout le cours
de voſtre vie a quelque choſe de ſi extraordi-
naire, que nous tâchons inutilement de com-
prendre ce que nous ne nous laſſons point d'admirer. Si nous vous conſiderons dans ces temps
difficiles, où noſtre malheur ne nous laiſſa point
de plus redoutables Ennemis que nous meſmes,
y a-t'il rien de ſi ſurprenant que cette tran-
quille & incomparable ſageſſe, que les plus vio-
lens orages ne pûrent émouvoir ? Si nous vous
regardons dans ce glorieux retour, qui a eſté
ſuivy des acclamations de tous les Peuples,
que trouverons-nous qui ſoit plus au deſſus

EPISTRE.

de l'homme que cette haute moderation avec
laquelle vous vous estes servy de cet avantage?
En verité, MONSEIGNEUR, il est
bien malaisé, que VOSTRE EMINENCE
ait refusé de s'applaudir souvent en secret sur
cette merveilleuse égalité, où vous avez sçeu
maintenir vostre grande Ame dans des revo-
lutions si impréveuës, & des changemens si peu
attendus. Comme l'élevation du rang, où la
seule force du vray merite vous a fait arriver,
n'avoit eu des charmez assez forts pour vous
ébloüir, vous avez montré qu'il n'y avoit point
de revers capable de vous abatre; & n'ayant
jamais fait vanité de tirer vostre plus éminen-
te Grandeur que de celle de vos sentimens, vous
estes tousiours demeuré maistre de vôtre fortu-
ne, parce que vous estes tousiours demeuré maistre de vous mesme. Aussi, MONSEI-
GNEUR, il semble que les outrages les plus
injustes qu'on ait essayé de vous faire, vous
ayent tenu lieu de services considerables, & que
ne les regardât que comme des acheminemens à
vous mettre dans un plus sublime degré de gloire, vous ayez dedaigne de penetrer l'intention
par l'asseurance que vous aviez de l'effet. La
France n'en pouvoit estre plus avantageuse-
ment convaincuë. C'est seulement en redou-
blant l'infatigable ardeur qui vous faisoit tra-
vailler pour son repos, que vous vous estes van-
gé des efforts qu'elle a veu faire pour troubler

le

EPISTRE.

le voſtre ; & vous ne vous eſtes point ſouffert
de relâche, que par vos ſages Conſeils vous n'a-
yez porté noſtre GRAND ROY à luy accorder un bien qu'elle n'oſoit plus ſe promettre,
cette PAIX pour laquelle on luy avoit en-
tendu pouſſer de ſi longs ſoûpirs. Il falloit,
MONSEIGNEUR, un zele pareil à ce-
luy de VOSTRE EMINENCE, pour
venir à bout d'une ſi difficile entrepriſe. Les
obſtacles invincibles qui s'y eſtoient touſiours
rencontrez avoient beau confondre nos vœux,
& repouſſer nos eſperances ; nous ne pouvions
douter d'un ſuccez, dont vous nous aviez déja
reſpondu. Nous en avions un grand infaillible
dans cette miraculeuſe vivacité de Génie, qui
vous avoit fait autrefois appaiſer la fureur de
deux Armées preſtes à venir aux mains, & il
ne nous eſtoit pas permis d'attendre une moindre merveille de vos ſoins, dans l'important &
fameux accord de deux Couronnes, dont les intereſts enfermoient ceux de toute l'Europe.
C'eſt, MONSEIGNEUR, de vos Conferences
qu'elle tient l'heureux calme dont elle joüit, &
nous la goûtons avec d'autant plus de joye, que
le GAGE AUGUSTE que
l'Eſpagne nous a donné de ſa durée, eſt le Cou-
ronnement illuſtre de vos penibles travaux.
Vivez, MONSEIGNEUR, & vivez
avec cet avantage que pour offrir en vous trop
de matiere à de juſtes loüanges, vous nous a-

A 4

vez

EPISTRE.

vez reduits dans l'impuiffance de vous loüer.
Tout ce que vous faites eft fi grand, qu'on ne
fçauroit concevoir d'Eloges affez forts pour y
répondre, Il n'y a que vous feul qui vous puif-
fiez fuffire à vous mefme, par les reflections in-
terieures que vous ne vous fçauriez quelquefois
difpenfer de faire fur vous. Un coup d'œil vous
y découvre en un moment ce que nous tâcherions
en vain d'exprimer par tout ce que la plus fub-
tile éloquence a d'induftrieux. Et pour moy,
qui ne fçay qu'eftre dans une perpetuelle admi-
ration des miracles de voftre vie, je ne fçay
auffi que garder en ce rencontre un filence refpe-
ctueux, fi ce n'eft que vous me permettiez de le
rompre, pour vous affeurer de la profonde foû-
miffion avec laquelle je fuis,

MONSEIGNEUR,

DE VOSTRE EMINENCE,

Le tres-humble, & tres-
obeiffant ferviteur,

T. CORNEILLE.

Ex-

ACTEURS.

HONORIUS, Empereur d'Occident.

THERMANTIE, Imperatrice, & fille de Stilicon.

PLACIDIE, Sœur d'Honorius.

STILICON, Laissé par Theodose pour
Tuteur à Honorius, & devenu depuis son
beau-pere.

EUCHERIUS, Fils de Stilicon.

MARCELLIN, Capitaine des Gardes.

LUCILE, Confident de Placidie.

MUTIAN, Confidente de Stilicon.

Suite de l'Empereur.

La Scene est à Rome.

STILI-

STILICON,
TRAGEDIE.

ACTE I.
SCÉNE PREMIERE.

THERMANTIE, EUCHERIUS.

THERMANTIE.

UY, j'ay parlé, mon frere, & pour toucher son ame
Dans le plus vif excez j'ay porté voſtre flame,
I'ay peint de ses transports le confus deſeſpoir,
I'ay de l'Empereur meſme expliqué le pouvoir;
Et contre les dédains dont vous ſouffrez l'outrage,
Fait agir tout l'empire où ſon ordre m'engage;
Mais d'un appuy ſi fort la pleine authorité
A ſemblé moins fléchir que croiſtre ſa fierté:
Plus j'en ay crû par là voir l'ardeur refroidie,
Plus dans ſon arrogance elle s'eſt applaudie,
Et mon zéle pour vous n'a fait que confirmer
L'injurieux orgüeil qui l'empeſche d'aimer.

EUCHERIUS.

Iugez mieux d'un mépris dont le Sort eſt complice,
Il détruit mon eſpoir, mais il luy rend juſtice,
Dans le chemin du Trône à ſa naiſſance ouvert,
Placidie à ſon rang doit l'orgüeil qui me perd,
Et de mon ſang au ſien l'union inégale
Ne luy ſçauroit ſouffrir vn choix qui la ravale.
Fille de Theodoſe, & ſœur d'Honorius,
Sa gloire eſt attachée à ſes juſtes refus.

S'ils ont pour mon amour une rigueur insigne,
La faute en est au Ciel qui m'en fit naistre digne,
Et quelques rudes maux qu'il m'en faille sentir,
Je puis en soûpirer, mais j'y dois consentir.

THERMANTIE.

Quoy ? vous consentirez qu'un traittement si rude
Asseure un plein triomphe à son ingratitude,
Et que de vos soûpirs l'hommage rejetté
Par trop de difference enfle sa vanité ?
Non, non, mon frere, non, c'est trop faire l'esclave,
Il est temps de braver la fierté qui vous brave,
Montrez sous ses dédains un cœur moins abatu,
Elle a de la naissance, & vous de la vertu ;
Et de quoy que la flate un peu trop d'arrogance,
Un seul degré peut-estre en fait la difference.
Vostre destin du sien peut-il mieux s'approcher ?
Elle nasquit au Trône où je vous fais toucher ;
Le fils de Stilicon la feroit peu descendre
Aprés que l'Empereur s'est fait deux fois son gendre,
Et tout autre que vous se montreroit plus vain
Du rang d'Imperatrice où m'éleve sa main.
D'un titre si brillant soûtenez mieux la gloire,
Le plus foible combat vous offre la victoire,
Et vangeant par l'oubly vostre amour negligé
Brise les fers honteux dont vous estes chargé.

EUCHERIUS.

Ah, Madame, je sçay qu'en de si rudes peines
C'est par le seul oubly qu'on peut rompre ses chaines ;
Mais lors qu'un vray merite en a formé les nœuds,
Un cœur n'est pas long-temps le maistre de ses vœux :
De l'éclat de son choix l'ame préoccupée
S'offre sans cesse aux traits qui d'abord l'ont frapée,
Et par sa complaisance à nourrir son erreur,
Ouvre aux sens une voye à seduire ce cœur.
Comme par la raison leur rapport s'authorise,
D'une aimable imposture il aime la surprise,
Et d'un trouble inquiet goûtant le faux appas,
Cede à mille transports qu'il n'examine pas ;
C'est par là qu'à soy-mesme il se rend infidelle,
Et quand à la revolte un fier mépris l'appelle,

En

En vain à son secours on tâche d'animer
Cette mesme raison qui luy permit d'aimer ;
Ce qu'elle eut de pouvoir pour flater son martyre
Se trouve assujety sous un plus fort empire,
Et l'Amour qu'elle crût toûjours accompaguer
Se montre le tyran de qui le fit regner ;
De ses flames alors on a beau fuir l'amorce ;
On aima par surprise, il faut aimer par force,
Et quoy que l'on en souffre, abandonner ses jours
A la necessité de soûpirer toûjours.

THERMANTIE.

Je connoy quel espoir à souffrir vous engage,
Honorius pour vous doit tout mettre en usage ;
Mais si ce grand secours déja par moy tenté
N'a peu de la Princesse estonner la fierté,
Qu'esperez-vous que fasse une attaque nouvelle
Que l'aigrir contre vous, & l'Empereur contre elle ?
D'un volontaire choix l'Amour aime à s'offrir,
Et s'il regne par force, il n'en sçauroit souffrir.

EUCHERIUS.

Aussi ne croyez pas que le mien, quoy qu'extréme,
Voulust pour triompher employer que soy-mesme,
Et que faisant agir un pouvoir souverain,
Quand le cœur se refuse, il acceptast la main.
Placidie est pour moy le seul objet aimable,
Mais d'un effort illustre on voit l'Amour capable,
Et puis qu'un Trône seul a dequoy la charmer,
Les effets feront voir si je sçay bien aimer.

THERMANTIE.

Souvent le desespoir va plus loin qu'on ne pense.

EUCHERIUS.

Non, si de l'Empereur.

THERMANTIE.

Le voicy qui s'avance,
Parlez, vostre dessein luy doit estre connu.

SCE-

SCENE II.
HONORIUS, THERMANTIE, EUCHERIUS, MARCELLIN.

HONORIUS.

ET bien, Madame, enfin qu'avez-vous obtenu ?
Vaincrons nous cet orgueil dont l'indigne ma-
nie
Aux vœux d'Eucherius refuse Placidie ?
Se rend-elle moins fiere ? en viendrons-nous à bout ?

THERMANTIE.

Seigneur, pour la fléchir je viens d'employer tout ;
Mais de son cœur altier l'audace temeraire
Craint peu par ses refus d'aigrir voftre colere,
Et dans l'orgueil secret qui semble l'animer,
Ie plains Eucherius s'il ne cesse d'aimer.

HONORIUS.

Quoy ? l'inégal dehors d'un peu plus de naissance
Peut à tant de fierté porter son arrogance,
Et l'éclat que sur luy ma faveur fait tomber
A de si durs mépris ne le peut dérober ?
Nous verrons, puis qu'enfin elle veut m'y contrain-
dre,
Si qui m'ose braver peut n'avoir rien à craindre,
Et si, quand voftre amour a merité ma foy,
Mon exemple est pour elle une honteuse loy.
Qu'on la fasse venir.   *Marcellin fort.*

EUCHERIUS.

                      Ah, que voulez vous faire,
Seigneur ? je ne suis plus un amant temeraire,
Et de voftre faveur le glorieux soûtien
M'offre en vain une gloire où je ne pretens rien,
Ma raison sur mes sens a repris son empire,
Et dans l'heureux projet qu'à ma flame elle inspire,
Loin que de son ardeur j'ose attendre aucun fruit...

HONORIUS.

Non, non, Eucherius, ta vertu te séduit,

                                              Et

Et veut que je m'oppose à l'effort magnanime,
Qui d'un refus trop fier jette sur toy le crime.
I'authorisay ton choix, & pour le maintenir,
Ie dois vaincre l'orgueil qui cherche à t'en punir.

EUCHERIUS.

Non, Seigneur, mon amour avoit trop d'injustice,
Souffrez-en à ma gloire un noble sacrifice,
Et que l'empressement d'en rehausser l'éclat
L'immole tout entier au repos de l'Estat.
Aprés tant de combats dont les tristes alarmes
Tiennent Rome inquiete, & l'Italie en armes,
Le superbe Alaric formant d'autres projets,
Cherche vostre alliance, & demande la Paix.
Puisque dans cet accord le sang vous interesse,
Permettez qu'il asseure un Trône à la Princesse,
Et que de cet hymen les favorables nœuds
Remplissent sa naissance, & couronnent ses vœux.

HONORIUS.

Ce Traité dont le bruit a suspendu nos armes
Pour son ambition sans doute a quelques charmes,
Et j'admire en ton cœur le genereux effort
Qui t'en fait contre toy solliciter l'accord ;
Mais plus de ta vertu ce grand effet m'estonne,
Moins je puis consentir à ce qu'elle t'ordonne ;
Viens embrasser ton Prince, & quoy qu'on fasse enfin,
Laisse à mon amitié le soin de ton destin.

EUCHERIUS.

Daignez songer, Seigneur, que la gloire où j'aspie
re...

HONORIUS.

Va, laisse moy parler, te dis-je, & te retire,
Ta voix dans ce dessein n'est pas à consulter.

EUCHERIUS *à Thermantie.*

Ah, Madame, empeschez l'Empereur d'éclater.

SCE-

SCENE III.
HONORIUS, THERMANTIE.

HONORIUS.

IE ne le voy que trop ; l'Accord qu'on nous pro-
        pose
    Du mépris qui nous brave est la secrete cause,
Madame, & de ma sœur l'ambitieux projet
Court aprés ce faux charme, & n'a plus d'autre objet.
D'un Diadême offert l'esperance confuse,
La livre toute entiere à l'orgueil qui l'abuse,
Et laisse dédaigner à ses sens éblouïs
Le merite du pere, & la vertu du fils ;
Puisqu'il n'est point de prix trop haut pour leurs ser-
        vices,
De sa rebellion cessons d'estre complices,
Et rompans un Accord trop long-temps écouté,
Par l'espoir qui l'anime abatons sa fierté.

THERMANTIE.

Seigneur, j'en crains pour vous un succez tout con-
        traire,
En pensant faire tout, gardez de ne rien faire,
Le cœur de la Princesse est altier en un point ,
Qu'il pourra perdre un Trône, & ne se rendre point,
Puis qu'aux vœux d'Alaric Eucherius la cede
D'un hymen qui l'éloigne essayez le remede,
L'absence sur l'Amour a beaucoup de pouvoir,
Et l'on cesse d'aimer quand on cesse de voir.

HONORIUS.

Ce remede est trop dur pour vous en oser croire,
Il blesse Eucherius comme il trahit ma gloire.
Quand l'effet pour sa flame en seroit moins douteux,
Voyez ce que pour moy la paix a de honteux,
Pouvez-vous m'y porter sans vouloir qu'on declare
Que sous Honorius Rome a craint un Barbare,
Et qu'un Got insolent, qu'elle dût accabler,
A trouvé les moyens de la faire trembler ?

ES-

Espargnons à sa gloire une telle baffeffe,
Et pour rendre...

THERMANTIE.

Seigneur, j'apperçois la Princeffe,
Souffrez que je vous quitte ; en de tels interefts
Il faut pour s'expliquer des entretiens fecrets.

SCENE IV.
HONORIUS, PLACIDIE.

HONORIUS.

MA fœur, jufques icy j'ay voulu me deffendre
Des fentimens d'aigreur que vous me faites
prendre,
Et veu fans éclater qu'un indigne mépris
Des foins d'Eucherius ait efté le feul prix.
Vous pouviez ignorer que dans cette entreprife
Par un appuy fecret mon adveu l'authorife,
Que luy feul de fa flame a fait naiftre l'efpoir ;
Mais enfin aujourd'huy qu'on vous l'a fait fçavoir,
Je ne fçaurois fouffrir qu'un refus temeraire
Repouffe avec audace un choix qui m'a fçeu plaire,
Et comme en le bravant c'eft moy que vous bravez,
J'apprens de voftre orgueil ce que vous me devez,
S'il foutient trop en vous la dignité fuprême,
Il expofe à mes yéux les drois du Diadéme,
Et me force de voir que rien ne doit borner
Les ordres abfolus que je vous puis donner ;
Que quoy qu'un mefme fang nous ait tous deux fait
naiftre,
Qui ne parle qu'en frere a droit d'agir en maiftre,
Et que le rang Augufte où je me vois monté
Pour regles mes projets n'a que ma volonté.

PLACIDIE

Je fçay ce qu'entre nous, quoy qu'égaux de naiffance,
L'avantage du Trône a mis de différence,
Et je ne pui luy rendre un hommage plus grand
Que d'afservir mó cœur aux refpeets qu'il vous rend ;
Mais,

Mais, Seigneur, s'il est vray que l'amour & la haine
D'un aveugle panchant soient la suite certaine,
Ces mouvements secrets qui naissent malgré nous
Sont des droits dont sans crime il peut estre jaloux ;
Comme vostre adveu seul les doit laisser paroistre,
Vostre ordre ne peut rien pour les y faire naistre,
Et ce cœur dont on cherche à confondre l'espoir,
S'il ne se donne pas, a peine à se devoir.

HONORIUS.

Qu'a fait d'Eucherius la passion extréme
Que de presser ce cœur de se donner soy-mesme,
Et si de cet espoir il pouvoit se flater,
Quels plus profonds respects l'auroient pû meriter ?
Vous l'avez veu cent fois dans l'ardeur qui l'engage
De sa flame à vos pieds porter le pur hommage,
Et n'opposer jamais à vos cruels refus
Qu'une plainte estouffée, ou des soûpirs confus.

PLACIDIE.

S'il n'avoit que mon cœur à son espoir contraire,
Il pourroit obtenir le don que j'en puis faire,
Mais ce cœur qu'en secret le vray merite émeut,
Ne s'ose pas toûjours permettre ce qu'il veut.
Quelque doux sentiment qui tâche à le surprendre,
Il consulte ma gloire avant que de se rendre,
Et quand son interest l'oblige à l'étouffer,
Il la respecte assez pour n'en pas triompher.

HONORIUS.

De vostre gloire en vain le charme vous abuse,
Vostre cœur fait le crime, elle preste l'exuse ;
L'éclat qu'elle en attend, & qu'il craint de trahir,
Se hazarde-t'il moins à me desobeïr ?
Quoy que dãs cet hymen vous crûssiez voir de lâche,
L'adveu que ie luy donne en purgeroit la tâche,
Et pour un bon Sujet qui respecte les Dieux,
L'ordre du Souverain est toûjours glorieux.
Mais sur quel plus beau choix auriez-vous pû me
       croire ?
Iamais plus de vertu ne soûtint plus de gloire,
Stilicon que toûjours ont craint nos ennemis,
Se verroit sans egal s'il n'avoit point de fils,

De

De mille exploits fameux le superbe avantage
Et tous lieux à l'envy fait briller leur courage.
Est-ce pour meriter vos indignes refus ?
P L A C I D I E.
I'estime Stilicon, j'estime Eucherius,
I'estime en tous les deux la vertu qu'on m'oppose,
Mais j'estime encor plus le sang de Theodose,
Et perirois pluſtoſt qu'on me viſt conſentir
Au moindre abaiſſement qui pûſt le démentir.
H O N O R I U S.
Ie l'ay donc démenty, quand épouſant ſa fille
I'ay mis par cet hymen le Trône en ſa famille,
Et l'orgueil qui vous fait dédaigner un beau feu
Eſt de ma lâcheté le ſecret deſadveu ?
P L A C I D I E.
A qui que voſtre choix ſe fuſt rendu propice,
Vous euſſiez pû, Seigneur, faire vne Imperatrice,
Mais ſi d'Eucherius j'oſe flater l'erreur,
Le faiſant mon Eſpoux, en fais-je un Empereur ?
Aux honneurs de ſa ſœur il n'a rien à pretendre,
Vous la faites monter quand il me fait deſcendre,
Et d'vn Auguſte hymen le different appûy,
L'élevant juſqu' à vous, m'abaiſſe juſqu'à luy.
H O N O R I U S.
Si l'eclat des grandeurs où le ſang vous appelle,
Oppoſe à ſon merite une fierté rebelle,
Ie le mettray ſi haut que de moy ſeul jaloux,
Il baiſſera les yeux pour les jetter ſur vous :
Alors de vos mépris l'injurieux caprice
Luy vaudra la douceur de s'en faire juſtice,
Et de voir que vos vœux à leur tour mépriſez
Se flatent de l'eſpoir que vous luy refuſez.
P L A C I D I E.
Faites-le devenir ce que l'on m'a veu naiſtre,
Pour eſtre prés du Trône aura-t'il moins un maiſtre,
Et quand tout l'Vnivers trembleroit ſous ſa loy,
Tant qu'il la prend d'un autre, eſt-il digne de moy ?
Pour meriter ce cœur où je le voy pretendre,
Il faudroit que ſon ſort de luy ſeul pûſt dépendre,
Et que du plus haut rang ſa foy prenant l'appuy,
N'euſt

N'euſt rien à reſpecter entre les Dieux & luy.
HONORIUS.
Superbe, enfin craignez que ma iuſte colére..
PLACIDIE.
I'abandonne mon ſang s'il peut le ſatisfaire,
Seigneur, & vous pouvez, puiſqu'il eſpere en vain,
Le vanger par ma mort du refus de ma main ;
Mais portez la menace & le coup tout enſemble,
Vn cœur né dans le Trône ignore comme on tremble,
Et je ſouffriray tout avant que me trahir
Iuſqu' à prendre un époux qui me laiſſe obeïr.
HONORIUS.
Ie voy ce qui vous perd ; la grandeur Souveraine
Fait pour Eucherius voſtre plus forte haine,
Luy-meſme par excez de generoſité
De voſtre ambition ſeconde la fierté,
Voyant tout voſtre cœur charmé du Diadéme,
Pour vous faire regner il ſe trahit ſoy-meſme,
Et ſi je l'en veux croire, un juſte & prompt accord
Au Trône d'Alaric éleve voſtre ſort.
PLACIDIE.
Quoy, pour moy d'Alaric il preſſe l'hymenée ?
HONORIUS.
Voſtre ame à cet appas s'eſt toute abandonnée,
Et de ce Trône offert l'ambitieux eſpoir
Séduiſant vos deſirs, corrompt voſtre devoir :
Mais ſi de voſtre orgueil la chaleur inquiete
Cherche à vous affranchir du titre de Sujete ;
Ayant d'Eucherius à ſoûtenir le choix,
A ſon amour trahy je ſçay ce que je dois,
Vous recevrez mon ordre.
PLACIDIE.
Il me faudra l'attendre,
Seigneur, mais cependant j'oſeray vous apprendre
Qu'en vain par ſes conſeils il tâche à m'aſſeurer
L'advantage d'un rang où j'ay droit d'aſpirer.
Ce Trône qu'il ſouhaite à mon impatience,
Le Ciel ſans ſon ſecours le doit à ma naiſſance,
Et mon cœur n'y voit rien qu'il n'aime à dédaigner
Pour luy ravir l'honneur de m'avoir fait regner.
Ho-

HONORIUS.
L'ambition trompée adoucit bien une ame,
Nous en verrons l'effet.

SCENE V.
STILICON, PLACIDIE, MUTIAN.

STILICON.

Qu'a l'Empereur, Madame ?
Si j'en croy l'apparence, il vous quitte en courroux,
Quel en est le sujet ?

PLACIDIE.
Me le demandez-vous ?
De vos rares conseils il fait agir l'adresse
Sans pouvoir m'obliger à faire une bassesse,
Et c'est son déplaisir, qu'une illustre fierté
Soûtienne ma vertu contre leur lâcheté.

STILICON.
Pour ne me plaindre pas, j'ay besoin de connoistre
Ce que doit un Sujet à la sœur de son Maistre,
J'ay pû trahir sa gloire, & s'il prend mes advis,
Il ne se repent point de les avoir suivis.

PLACIDIE.
Que sa gloire par eux s'asseure ou se hazarde,
Ie ne prens interest qu'à ce qui me regarde,
Et trahirois la mienne à ne pas repousser
La honte de l'hymen où l'on veut me forcer.

STILICON.
L'amour d'Eucherius ayant sçeu vous déplaire,
Il a tort de garder un espoir temeraire ;
Mais vous pourriez, Madame, à l'éclat d'un beau feu
Avec moins de mépris refuser vostre adveu.
Quoy que vous fasse croire une fierté trop prompte,
Un Heros tel que luy vous feroit peu de honte,
De cent nobles travaux ce grand titre est le prix,

Tout

Tout est illustre en luy.
                 PLACIDIE.
                                Mais il est vostre fils,
Et si j'ose estimer ce qu'il merite d'estre,
Ie voy ce que le Ciel l'a voulu faire naistre.
                 STILICON.
Ce qu'il est né, Madame...
                 PLACIDIE.
                            Enfin n'en parlons plus,
Ie hay sur ce sujet les discours superflus ;
Si ma fierté vous blesse, il faut peu vous contrain-
        dre,
L'Empereur vous écoute, & vous pouvez vous
        plaindre,
Mais si vous m'en croyez, faites luy concevoir
L'indignité des vœux dont il flate l'espoir,
Non qu'aprés mon refus je craigne sa puissance,
Mais la faveur changeant lors que moins on y pense,
Ie craindrois que mon cœur plein d'un juste couroux
Ne s'abaissast assez pour se vanger de vous.

SCENE VI.
STILICON, MUTIAN.

STILICON.

ET tu voudras encor qu'aprés vn tel outrage
    De mon ressentiment je contraigne la rage,
    Et que craignant l'horreur qui confond les in-
        grats
Aux interests d'un fils je refuse mon bras ?
Non, non, puisque de moy, quelque honneur où
        j'atteigne,
Part la source du sang qui fait qu'on le dédaigne,
Ie ne puis differer sans trop de lâcheté
A luy faire raison de cette indignité.
Corrigeons un deffaut où le mépris s'attache,
Par la splendeur du Trône effaçons-en la tache,
Et pour l'y voir assis pressant un juste effort,
                                Déro-

Dérobons sa naissance aux injures du Sort.

MUTIAN.

Seigneur, ie vous dois tout, & quoy qu'on me pro-
    pose,
Pour vanger vostre outrage il n'est rien que je n'ose,
Le crime où vous courez ne sçauroit m'estonner;
Mais vous m'avez permis de vous en détourner.
Souffrez donc que j'oppose au dessein que vous faites
Ce qu'est Honorius, ce que par luy vous estes,
Et que je vous arrache à l'indigne fureur
Qui veut tremper vos mains au sang d'un Empereur.

STILICON.

D'abord, je l'advoüeray; saisi d'un trouble extréme,
A prendre ce dessein j'eus horreur de moy mesme,
Et d'un tel attentat mon cœur épouvanté
N'en conceut qu'en tremblant toute l'impieté.
Le sang & le devoir soudain y firent naistre
Tendresse pour mon gendre, & respect pour mon
    Maistre,
Et ravy d'un remords qui conservoit ses jours,
Pour le fortifier j'employay ton secours ;
Mais les honteux mépris d'une ingrate Princesse
Ont de ces sentimens dissipé la foiblesse,
Pour punir vn orgueil qui ne m'estoit pas dû
A ses premiers transports tout mon cœur s'est rendu,
En vain j'ay voulu voir ma fille couronnée,
Ie n'ay veu que d'un fils l'indigne destinée,
Et l'outrage éclatant que souffre son grand cœur,
S'il demeure Sujet des enfans de sa sœur ;
Tout remply d'un objet & si cher & si tendre,
Le mien ne connoit plus de maistre ny de gendre,
Et contre ses remords pleinement affermy,
Voit dans Honorius son plus grand ennemy.

MUTIAN.

Qu'a-t'il pû pour ce fils qu'il n'ait pas daigné faire ?
Son rang de ce qu'il est d'un seul degré differe,
Encor un pas peut-estre, & le Trône est au bout.

STILICON.

Vn degré l'en separe ? & ce degré, c'est tout.
La grandeur la plus vaste est toûjours imparfaite,

Quand

Quand d'un plus haut Empire elle se voit sujette,
Et ce qu'à commander elle donne de droits
Ne vaut pas la douleur d'obeïr une fois.
Cependant si tu veux blâmer mon injustice,
Songe qu'Honorius luy mesme en est complice,
Et que par la rigueur d'un destin peu commun,
Ie ne deviens ingrat que pour en punir un.
Aprés avoir au Trône élevé son enfance,
Contre ses ennemis affermy sa puissance
La genereuse ardeur d'une illustre amitié
D'un tout sauvé par moy me devoit la moitié.
Ne dy point que peut-estre il me l'eust accordée
Si pour prix de ma foy je l'eusse demandée ;
Quand sa sœur dans mon fils dédaigne un rang trop
　　　bas,
C'est me la refuser que ne me l'offrir pas,
Non que mon interest m'eust forcé d'entreprendre
Si pour Eucherius j'eusse pû m'en deffendre ;
Mais enfin tous mes vœux ne se trouvent remplis
Que de l'avidité de voir regner ce fils.
D'un Astre dominant l'indispensable empire,
A cét arrest du Sort me contraint de soufcrire,
Et dûssay-je y perir, quoy'qu'il doive en couster,
Pour luy laisser un Trône il faut l'executer.

M U T I A N.

Mais pourquoy luy cacher vos desseins de la sorte,
Si son seul interest à conspirer vous porte ?
Devroit-il ignorer ce qu'on ose pour luy ?

S T I L I C O N.

Ouy, quisqu'à l'Empereur il serviroit d'appuy,
Et que s'il peut l'apprendre, il n'est rien qu'il ne
　　　fasse
Pour détruire un projet qui le met en sa place ;
D'ailleur aimant ce fils, ie luy dois épargner
Tout ce qui le rendroit indigne de regner,
La tendresse pour luy qu'il faut que je soustienne,
Aime à sauver sa gloire aux dépens de la mienne,
Et comme le mépris qui s'attache à son rang
Prend en luy pour objet la honte de mon sang,
Pour l'en justifier sans noircir son estime,

Mon

Mon cœur à sa vertu veut bien prester un crime,
Et pour le couronner, y courant sans effroy,
Le vanger de l'affront d'estre sorty de moy.

                M U T I A N.

J'admire pour un fils l'ardeur qui vous anime :
Mais songez-vous assez jusques où va ce crime,
Et que tout l'avénir condamnant sa fureur
Ne l'examinera que pour en prendre horreur ?

                S T I L I C O N.

Va, va, si l'avenir ne luy fait point de grace,
Il en loüera du moins l'inébranlable audace,
Et tendra ce qu'il doit aux surprenans transports,
Qui me font voir le crime, & braver les remords.
Peins-toy mon entreprise encor plus effroyable,
Une grande ame seule en peut estre capable ;
Plus l'attentat est noir, plus son indignité
Veut du cœur le plus haut l'entiere fermeté,
Des plus sacrez devoirs estouffer le murmure
C'est à ses passions asservir la Nature ;
Cet effort ne part point d'un courage abatu,
Et pour faire un grand crime il faut de la vertu.

                M U T I A N.

Ce genre de vertu touche un peu trop vostre ame.

                S T I L I C O N.

Enfin tu veux en vain que j'en craigne le blame,
La chose est résoluë, & tout prest d'éclater,
Un lâche repentir ne sçauroit m'arrester.
Il faut sans balancer que dés cette nuit mesme
La mort d'Honorius couronne un fils que j'aime,
Rien ne peut mettre obstacle au dessein que j'en fais,
Je puis tout sur l'armée, on me craint au Palais,
Et j'ay dans l'entreprise interessé sans peine   (no,
Tout ceux dont le pouvoir l'eust pû rendre incertai-
Ainsi pour voir l'effet que je m'en suis promis,
En secret chez Zenon assemble nos amis.
Zenon peut tout pour nous & brûle d'entreprendre,
Dans une heure au plus tard j'aurai soin de m'y rédre,
Et lors, pour le succez d'un si hardy dessein,
Nous choisirons ensemble & le temps & la main.

                Fin du premier Acte.

          B   ACTE

ACTE II.
SCENE PREMIERE.
PLACIDIE, LUCILE.

PLACIDIE.

QUoy, pour un Trône offert par l'hymen qu'on propose
Aux soins d'Eucherius je devrois quelque chose,
Et luy donnerois droit de pouvoir se flater,
D'avoir presté la main à m'y faire monter ?
Non, non, quand son conseil m'asseure une Couronne,
Je me dois le refus dont la fierté t'étonne,
Et tu pretens en vain que je puisse aujourd'huy
Faire paroistre une ame aussi basse que luy.

LUCILE.

Quelle bassesse d'ame éclate dans ce zéle
Dont l'ardeur toute pure au Trône vous appelle ?
Sans trop d'emportemét, qu'y pouvez-vous blâmer ?

PLACIDIE.

La lâcheté d'un cœur qui feignit de m'aimér,
Et qui du plus beau feu s'imposant la contrainte,
En affecta les soins sans en sentir l'atteinte.

LUCILE.

Soupçonner dans le sien des sentimens si bas,
C'est en prendre pour luy qu'il ne merite pas,
Si-tost qu'à vos souhaits on offre un Diadême
Il fait gloire pour vous de se trahir soy-mesme,
D'un hymen qui le perd il va presser l'adveu,
Et dans ce grand effort vous doutez de son feu ?

PLACIDIE.

Par un éclat trompeur cet effort t'a charmée,
On doit tout immoler à la personne aimée,
Mais d'un indigne sort le coup le plus fatal
Ne la fait point ceder à l'espoir d'un Rival ;
Quand il faut que l'Amour jusques-là se trahisse,

La

La revolte plaist mieux qu'un si grand sacrifice,
Et quelque âpre revers dont l'on soit combatu,
C'est aimer lâchement qu'avoir tant de vertu.

LUCILE.

Et bien, sa lâcheté va jusques à l'extrême.
Si vous la haïssez, qu'importe qu'il vous aime,
Et par quel interest vous pouvez-vous fâcher
Qu'il affecte un amour qui ne vous peut toucher ?

PLACIDIE,

Quel interest, halas !

LUCILE.

Voftre cœur en foûpire ?

PLACIDIE.

Ce foûpir t'en dit plus que je n'en voulois dire,
Tu viens de trouver l'art de me le dérober,
Cache-toy la foibleffe où tu me vois tomber,
Lucile, & s'il fe peut, te déguifant ma peine,
Prens un effet d'amour pour des marques de haine.

LUCILE.

Vous, de l'amour, Madame ?

PLACIDIE.

Eftonne, eftonne-toy,
De ce qu'il faut enfin confier à ta foy ;
J'aime, & ce feu fecret qui contraint ma franchife
L'euft combatuë en vain s'il ne l'euft pas furprife,
Il l'a pû d'autant mieux que contre fon ardeur
Mon orgueil me fembla répondre de mon cœur,
Et me fit negliger le foin de me défendre
D'eftimer un Sujet indigne d'y pretendre.
Ainfi d'Eucherius le zéle officieux
Cent fois fur fa vertu fçeut arrefter mes yeux,
J'en connus tout le prix, j'en goûtay tous les charmes,
Je m'en fentis émeuë, & n'en pris point d'alarmes,
De l'éclat de mon fang la jaloufe fierté
Au milieu du peril faifoit ma feureté ;
Sur un appuy fi faux mon ame trop credule
D'un chagrin inquiet rejetta le fcrupule,
Et ne voulut pas voir que fous ce piege adroit
L'eftime bien fouvent va plus loin qu'on ne croit ;

B 2   Ince

J'en fis l'épreuve, helas ! quand je me crûs capable.
De rendre cette estime un peu moins favorable,
Vers un panchant si doux tout mon cœur emporté.
Trouva dans sa foiblesse une necessité,
D'un feu qu'il devoit craindre il eut beau voir l'a-
    morce,
Il voulut le combatre, & n'en eu pas la force,
Et vit bien que l'Amour qu'il tâchoit d'étouffer,
Avant qu'il se declare, est seur de triompher.

LUCILE.

Mais si d'Eucherius l'hommage a sçeu vous plaire,
Vous devez à ses vœux vous rendre moins contraire;
Pourquoy fuir un hymen, qui les peut couronner ?

PLACIDIE.

Tu me connois, Lucile, & peux t'en étonner,
Ie t'en ay fait l'adveu, j'aime, & pour mon supplice
De l'erreur de mes sens mon cœur s'est fait compli-
    ce ;
Et n'a pû resister à ces charmes flateurs
Qu'étalent à l'envy de si doux imposteurs ;
Mais celles de mon rang, de leurs desirs maistresses,
Sçavent purger l'Amour de ses moindres foiblesses,
Et dérober sa flame aux douceurs de l'espoir
Quand il trahit leur gloire, ou blesse leur devoir.
Eucherius me plaist ; mais ce que je suis née
Dans un si vaste orgueil pousse ma destinée,
Qu'un Trône seul offert à mes brûlants desirs
Me peut faire sans honte advoüer ses soûpirs.
Mais que dis-je ? sur luy si j'obtins quelque empire,
Par son lâche conseil il cherche à s'en dédire,
Et j'ay crû bien en vain qu'il avoit merité
Les dédains où pour luy j'excitois ma fierté.
Ouy, s'il t'en faut montrer l'aveuglement extrême,
Je ne l'ay dédaigné que parce que je l'aime,
Et qu'un pareil refus balançant son destin,
Luy pouvoit à l'Empire ouvrir quelque chemin.
L'Empereur Gratian pour une moindre cause
Daigna le partager avecque Theodose,
Et ce fameux exemple eust peu seul aujourd'huy
Forcer Honorius à faire autant pour luy.

Les

Les ſoins qu'eut Stilicon d'élever ſon enfance
Meritoyent pour ſon fils cette reconnoiſſance,
Et ce n'eſt qu'à ce prix qu'oſant me declarer
J'euſſe promis l'adveu qu'on luy fait eſperer ;
Mais quand pour Alaric j'apprens qu'il s'intereſſe,
Mon cœur ne ſçauroit trop condamner ma baſſeſſe,
Et mon orgueil honteux qu'on ait pû l'abuſer...
Eſcoutez-le, Madame, avant que l'accuſer ;
Le voicy qui paroiſt.

SCENE II.

PLACIDIE, EUCHERIUS, LUCILE.

PLACIDIE.

I'Apprens avec ſurpriſe
Que l'eſpoir d'Alaric par vous ſe favoriſe ;
Mais de mes ſentimens c'eſt aſſez mal juger
D'avoir crû que ce zéle euſt dequoy m'obliger.
Dans le rang que je tiens j'ay l'ame un peu trop vaine
Pour vouloir vous devoir la qualité de Reyne,
Et forcer mon courage au lâche abaiſſement
D'écouter vos conſeils ſur le choix d'un Amant.

EUCHERIUS.

C'eſt donc ce qui manquoit à ma diſgrace extrême,
Que quand ce triſte cœur s'immole à ce que j'aime,
Cet effort que ma flame en vain a combatu
N'euſt que le faux éclat d'une lâche vertu.
Perſiſtez à mes vœux d'eſtre toûjours contraire,
J'ay merité la mort quand je n'ay ſçeu vous plaire,
Et je dois croire égal d'en recevoir les coups,
Ou d'un hymen funeſte, ou de voſtre couroux.

PLACIDIE.

J'y pourrois conſentir ſans qu'on vous crûſt à plain-
dre,
Qui peut le conſeiller n'a pas lieu de le craindre,
Et s'offre à voir d'un œil pleinement ſatisfait

Le

Le succez d'un accord dont il presse l'effet.

EUCHERIUS.

Dites que vostre haine enfin trop endurcie
Par l'excez d'un beau feu ne peut estre adoucie,
Et que son injustice aime à se déguiser
Ce qu'aujourd'huy pour vous le mien m'a fait oser.
J'esperois que par là nous la verrions s'éteindre,
Que n'ayant pû m'aimer vous daigneriez me plain-
　　dre,
Et que pour vous servir prest à quiter le jour,
La pitié m'obtiendroit ce que n'a pû l'amour ;
Mais comme le mépris dont ma flame est suivie
A d'eternels malheurs avoient liuré ma vie,
Ce que sur mes desirs ma vertu fait d'effort,
Ne vaut pas qu'un soûpir soit le prix de ma mort.

PLACIDIE.

Sur quelle estrange erreur cette plainte est formée?
A cause qu'on me cede on croit m'avoir aimée,
Et toute mon estime est le moins que je doy
A l'indigne attentat qu'on veut faire sur moy.

EUCHERIUS.

Quoy, vous croyez assez l'aigreur qui vous anime,
Pour traiter d'attentat un conseil magnanime,
Et m'attacher à vous sans me considerer ?
C'est démentir l'ardeur que j'ay sçeu vous jurer ;
Non qu'en un rang égal j'eusse pû me resoudre
D'attirer sur mon feu ce dernier coup de foudre ;
Mais je suis sans murmure un ordre si fatal
Quand je vous cede au Trône, & non à mon Rival.
Je l'advoueray pourtant ; à quoy que je m'apreste,
Le déplaisir affreux de vous voir sa conqueste
N'aigrira pas si peu la douleur d'un Amant,
Qu'à sa triste disgrace il survive un moment,
Mais puisqu'un Sçeptre seul peut remplir vostre at-
　　tente
Je mourray trop heureux de vous laisser contente,
Et du moins ce succez de vos plus chers desirs
Meslera quelque joye à mes derniers soûpirs.

PLACIDIE.

Ta passion t'avengle alors qu'elle me brave,

Re-

Renonçant à mon cœur tu le fais ton esclave,
Et de ton desespoir suivant l'injuste loy
Tu prens droit de donner ce qui n'est pas à toy.
Connois, Eucherius, connois mieux ta Princesse,
Si de l'ambition la noble ardeur me presse,
Un Trône n'est pas tant qu'il me doive coûter
La honte du secours qui m'y feroit monter.
Quel zéle injurieux, quelle vertu maligne
Brigue pour moy le rang dont ma naissance est digne,
Et te fait hazarder un téméraire effort
Pour attirer sur toy la gloire de mon sort ?
Doutes-tu qu'en secret mon sang ne me réponde
D'élever mon destin à l'Empire du Monde,
Et que son juste orgueil ne porte mes regards
Jusqu'à pouvoir un jour luy laisser des Cesars ?
Regle mieux tes conseils, & bornes-en l'audace,
Je ne veux rien devoir où je puis faire grace,
Et si toûjours le Trône échauffe mon desir,
Il est des Rois pour moy quand je voudray choisir.

EUCHERIUS.

Je sçay qu'il n'en est point à qui l'Amour n'ordonne
De venir à vos pieds abaisser leur Couronne,
Et du choix d'Alaric si j'ay paru jaloux,
C'est sans m'estre flaté de rien faire pour vous.
J'ay voulu seulement par une mort plus prompte
D'un hommage odieux vous espargner la honte,
Et dérober ce cœur qui se sent trop charmer,
Au crime glorieux de vous oser aimer.
Vous en donnez l'arrest, c'est à moy de le suivre ;
Mais pour cesser d'aimer, je dois cesser de vivre,
Et l'hymen dont l'horreur accable mon amour
Est le plus seur moyen de me priver du jour.

PLACIDIE.

Moy, j'ay fait quelque effort pour éteindre en ton
    ame
Ce que tes vœux offerts m'y firent voir de flame,
Et l'aigreur dont tu crois qu'elle ait dû m'aimer
Ne t'auroit pû souffrir la liberté d'aimer ?

EUCHERIUS.

Qu'a donc fait ce mépris à mes vœux si contraire ?

B 4   PLA-

PLACIDIE.

Il a dû te deffendre un espoir temeraire,
Mais en vain ton amour en craindroit la rigueur;
Il part de ma naissance, & non pas de mon cœur,
Et la gloire d'aimer sans voir rien à pretendre,
Est le plus digne prix qu'un beau feu doive attendre.

EUCHERIUS.

Le mien de cette gloire est pleinement charmé,
Mais, helas ! aime-t'on sans vouloir estre aimé ?

PLACIDIE.

Ne croy pas que jamais l'orgueil du Diadême
Relâche une Princesse à confesser qu'elle aime,
Et que sur ses desirs son rang puisse si peu,
Qu'il la laisse descendre à ce honteux adveu ;
Mais comme d'injustice il la rend incapable,
Il faut examiner ce qu'on a d'estimable,
Voir en soy ce qu'en eux les vrays Heros ont eu,
Se convaincre en secret de toute leur vertu,
S'en pouvoir applaudir, & sur un si bon signe
Se répondre du cœur dont l'on se trouve digne.
Non qu'enfin ce ne fust un bon-heur assez vain
De meriter ce cœur sans meriter la main ;
Mais c'est toûjours beaucoup à qui n'y peut preten-
     dre,
Qu'au seul crime du Sort ayant droit de s'en prendre,
On ne luy puisse au moins dans un malheur si grand,
Reprocher qu'un deffaut dont il n'est pas garand.

EUCHERIUS.

Ah, si par ce deffaut ma passion extrême..

PLACIDIE.

Adieu, l'Empereur vient; aime, j'y consens, aime ;
Mais si tu t'y resous, quoy qu'il faille endurer,
Sçachant ce que je suis, aime sans esperer.

S C E-

SCENE III.
HONORIUS, EUCHERIUS,
Suite de l'Empereur.

HONORIUS *à sa suite.*

QU'on s'éloigne de nous.
EUCHERIUS.
                        Seigneur, dans quelle crainte
Me jette le chagrin dont voftre ame eft atteinte?
Je le voy qui s'explique au trouble de vos yeux.
HONORIUS.
Prens & ly, ce billet te l'expliquera mieux.
EUCHERIUS *lit.*

Malgré mille bien-faits une main trop ingrate
Vous doit à fa fureur cette nuit immoler,
De peur qu'avant ce temps l'entreprife n'éclate,
Devant aucun témoin je n'ofe vous parler.
Beaucoup dans le Palais favorifent le Traiftre,
Et fi vous le voulez connoiftre,
Faites qu'en fecret & fans bruit
Dans voftre Cabinet je puiffe eftre conduit.
                                        ZENON.

Que contre vous, Seigneur, une main patricide...
Mais vous fçavez le nom du lâche, du perfide,
Et vous aurez appris l'ordre de l'attentat.
HONORIUS.
On n'ofe me parler de peur de faire éclat,
Et pour fuir ce peril, c'eft par l'imperatrice
Que ce billet receu m'en a donné l'indice,
Avec tant de fecret qu'on luy peint tout perdu,
Si l'on peut découvrir qu'il m'ait efté rendu.
Elle mefme ignorant quel advis on me donne,
S'alarme pour l'Eftat, & non pour ma perfonne,
Et du trouble où me jette un coupable projet
Le feul Eucherius fçait encor le fujet.
EUCHERIUS.
Il faut le prévenir, mais un fi prompt orage

B 5

Par

Par l'effroy du peril fait trembler mon courage,
Et mon zéle d'ailleurs l'osant examiner
Dans l'advis de Zenon voit tout à soupçonner ;
Ce dangereux esprit m'est suspect d'artifice,
Et vous donnant du crime un imparfait indice,
Le secret qu'il demande engage à présumer   (mer.
Qu'il peut convaincre mal ceux qu'il craint de nom-

HONORIUS.

Qui te fait dans Zenon croire tant de bassesse ?

EUCHERIUS.

Le peu que pour l'Estat je sçay qu'il s'interesse ;
Son zéle en vain pour vous cherche à se signaler,
Qui peut rendre un billet auroit pû vous parler ;
Et mesme en ce billet, par quelle Politique
Vous taire les autheurs d'un crime qu'il explique ?
Un perfide, un ingrat, malgré mille bien-faits
S'engage contre vous au plus noir des forfaits ?
S'il vous falloit par là diviner le coupable
Qui craindroit plus que moy d'en estre crû capable ?
Je tiens de vos bontez un sort si glorieux...

HONORIUS.

Ah, c'est pousser trop loin un scrupule odieux,
Sur ta fidelité je prens toute asseurance,
Et pour te faire voir quelle est ma confiance,
Tout ce que j'apprendray d'un attentat si noir,
C'est de toy seulement que je le veux sçavoir ;
Va t'en trouver Zenon, dy luy que je t'envoye,
Puis qu'il est dangereux qu'au Palais il me voye,
Et pour en estre crû luy montrant ce billet,
Du sort qu'on me prepare obtiens tout le secret,
Je se sçauray de toy.

EUCHERIUS.   Tant de bonté m'accable,
Seigneur, mais s'il s'obstine à taire le coupable ?

HONORIUS.

Ne crains pas qu'il refuse à s'ouvrir avec toy,
Il sçait trop quels secrets je confie à ta foy,
Et suspect s'il me parle, il n'aura pas de peine
A m'advertir par toy de celuy qui le gêne.
Marcellin vient icy, va, ne perds point de temps,
Ton zéle me répond de tout ce que j'attens.

S C E-

SCENE IV.
HONORIUS, MARCELLIN.

HONORIUS.

AS-tu porté mon ordre ?

MARCELLIN.

      Ouy, Seigneur, & la tréve
Fait naiſtre pleine joye alors qu'elle s'acheve.
De l'orgueil d'Alaric tous vos Chefs indignez
Formoient d'injuſtes vœux que vous leur épargnez,
Et j'admire l'ardeur que chacun d'eux prepare
A triompher d'un Got, à chaſſer un Barbare.
La Princeſſe le ſçait, & je viens de la voir,
Mais rien dans ce revers n'a paru l'émouvoir,
Et d'un Trône échapé la diſgrace éclatante
Luy laiſſe pour ſa perte une ame indifferente.

HONORIUS.

Son orgueil s'eſtudie à paroiſtre adoucy ;
Mais je voy Stilicon, laiſſe nous ſeuls icy.

SCENE V.
HONORIUS, STILICON.

HONORIUS.

APproche, & ſi toûjours la meſme ardeur t'en-
    flame,
Viens juger de ma peine au trouble de mon ame.
On nous hait, Stilicon, & tes ſages advis
En tout temps pour l'Eſtat écoutez & ſuivis,
Dans mon gouvernement mélent tant de foibleſſe,
Que Rome ſe trahit d'en fouffrir la baſſeſſe.

STILICON.

Quoy, Seigneur, l'inſolence iroit juſqu'à l'abus ?
On s'emporte à la plainte ? on murmure ?

HONORIUS.

      On fait plus,

Et

Et par une fureur que cette haine inspire,
On en veut à mes jours, Stilicon, ou conspire.

S T I L I C O N.

On conspire, Seigneur ?

H O N O R I U S.

Qui l'eust jamais pensé,
Qu'un perfide à ma mort se fust interessé,
Et que né dans le Trône où m'affermit ton zéle,
J'y deusse redouter une main infidelle ?
En vain l'ordre du Ciel a daigné m'y placer,
Tes soins m'en firét digne, & l'on m'en veut chasser.

S T I L I C O N.

Non, Seigneur, ce seront de ces vaines alarmes
Qui servent d'un beau Regne à redoubler les char-
      mes,
Et qui par leur menace estonnant les esprits,
Du bien que l'on possede étalent mieux le prix.
L'apparence qu'un Prince & si grand & si juste,
Que bien moins que son rang sa vertu rend Auguste,
Chery de tout son peuple, adoré dans sa Cour,
Authorisast la haine à le priver du jour ?

H O N O R I U S.

Il l'a fait toutefois, & Zenon...

S T I L I C O N.

Quoy, le traistre,
Zenon, l'ingrat Zenon attente sur son Maistre,
Et ce que tout l'enfer verroit avec horreur,
Il cherche à s'immoler un si bon Empereur?
Ah, sans daigner l'ouïr de peur qu'il vous fléchisse,
Ne commettez qu'à moy l'ordre de son supplice,
Et ne vous laissez pas la triste liberté
De consulter son crime avec vostre bonté.

H O N O R I U S.

A trop d'emportement ton zele te dispense,
Tu parles de supplice où je dois recompense,
Et ton avidité d'en voir punir l'autheur,
Impute un parricide à mon liberateur.
Ouy, bien loin que Zenon à ma mort s'authorise,
C'est luy dont je reçois l'advis de l'entreprise,
Et sa fidelité qu'il n'a pû démentir,

Du

Du peril que je cours cherche à me garantir.
          S T I L I C O N.
Il vous en donne advis; mais achevez, de grace,
De quel lâche assassin doit on craindre l'audace?
         H O N O R I U S.
C'est ce que son billet ne m'a point fait sçavoir.
         S T I L I C O N.
Et je m'arreste encor; Seigneur, il faut le voir,
Ignorant le coupable on pourroit vous surprendre.
L'ordre est donné, demeure, on me va tout appren=
      dre,
Et du nom d'un ingrat tu prens un vain soucy,
Si devant toy son crime est prest d'estre éclaircy;
Mais quel est ce desordre où ton cœur s'abandonne?
Tu sembles interdit, ton courage s'estonne!
         S T I L I C O N.
Quoy, quand la trahison cherche à vous accabler,
Je le pourrois, Seigneur, apprendre sans trembler;
Theodose à mes soins commit vostre jeunesse,
Et ce cœur a pour vous conçeu tant de tendresse,
Que redoutant un coup dont j'ignore le bras
Dans l'horreur du peril je ne me connois pas.
Le secret de Zenon me tient l'ame à la gêne;
Vous aurez ordonné sans doute qu'on l'améne,
Et je crains pour cét ordre où vous vous asseurez,
Que vous n'ayez choisi quelqu'un des Conjurez.
Souvent pour mieux trahir le plus zelé peut feindre:
Enfin tout m'est suspect où je vois tout à craindre,
Et je plains vostre sort si sans plus differer
Moy mesme de Zenon je ne cours m'asseurer,
Vos jours sont precieux, le peril est extréme,
Et je ne puis icy me fier qu'à moy mesme.
Permettez donc, Seigneur...
       H O N O R I U S l'embrassant.
      O Prince trop heureux,
D'avoir dans sa disgrace un amy genereux!
Que l'entreprise éclate aussi-tost qu'elle est sceuë,
Ne m'abandonne point, & j'en crains peu l'issuë,
Ta veuë est un secours qui m'en oste l'effroy,
Et pour la renverser il me suffit de toy.

                 Mais

Mais en vain pour Zenon tu crains ce que j'ordonne,
Voy celuy qui paroist, veux-tu qu'on le soupçonne ?
  S T I L I C O N.
Ah, Seigneur.

SCENE VI.
HONORIUS, STILICON,
EUCHERIUS.

H O N O R I U S.

AS-tu sçeu le nom de l'assassin ?
Parle, & devant ton pere éclaircy mon destin.
  E U C H E R I U S.
Seigneur, j'ay veu Zenon, & tâché de l'apprendre,
Dans la cour du Palais il s'estoit venu rendre,
Où l'ayant à l'écart adroitement tiré,
Je demande pour vous quel bras a conspiré.
Il en paroit surpris, son visage se trouble,
A me voir son billet à surprise redouble ;
Il demeure pourtant d'accord de l'attentat,
Mais me l'éclaircir mieux seroit trahir l'Estat,
Il suffit que je sçache un complot si funeste,
Et ce n'est qu'à vous seul qu'il peut dire le reste.
  H O N O R I U S.
Zenon ne t'a rien dit !
  S T I L I C O N.
          Et tu n'as point pressé ?
  E U C H E R I U S.
J'ay tenté cent efforts, & n'ay rien advancé,
J'ay beau de l'entreprise examiner la rage,
Il ne peut là dessus s'expliquer davantage,
Ce que par son adveu je croy justifier,
C'est à vous seulement qu'il le doit confier,
Et mesme je vous livre à la fureur d'un Traistre,
Si je découvre ailleurs ce qu'on m'en fait connoistre,
Il m'engage au secret, & pour se voir sans bruit

                                        Par

Par des lieux dérobez prés de vous introduit,
Comme sans nouvel ordre il n'y sçauroit pretendre,
Dans le bois du jardin il est allé l'attendre.

HONORIUS.

Zenon ne te dit rien, & veut m'entretenir ?

STILICON.

Ah, Seigneur, que de maux s'offrent à prévenir !
Zenon cherche à vous perdre, & de son artifice
Mon fils trop imprudent s'est rendu le complice,
Puis qu'enfin son silence estant à redouter,
Pour fuir toute surprise il devoit l'arrester.

EUCHERIUS.

J'ay craint que cét éclat fist sur l'heure entreprendre.

HONORIUS.

Quoy, jusques sur un fils ton soupçon peut descendre?

STILICON.

Non, Seigneur, de mon sang l'exacte pureté
Ne me répond que trop de sa fidelité,
Et si pour la noircir il estoit assez lâche,
Ma main dans tout le sien en laveroit la tache ;
Mais alors qu'il s'agit d'un pareil attentat,
La plus foible imprudence est un crime d'Estat,
C'est hazarder ensemble & vos jours & l'Empire.

HONORIUS.

Tu crois donc que Zenon...

STILICON.

        Ouy, je croy qu'il conspire;
Et ne veut sans témoins vous voir & vous parler
Que pour prendre son temps à vous mieux immoler;
Je connoy dans la Cour quelles sont ses pratiques,
Et pour peu qu'au Palais il ait formé d'intrigues,
Si de vostre personne il nous tient éloignez,
Vos Gardes par ses soins se trouveront gagnez ;
Ne luy donnez point lieu de vous pouvoir surpren-
    dre.

HONORIUS.

Quoy ? sur un seul soupçon refuser de l'entendre ?

STILICON.

Non, mais comme pour vous on doit s'en prévaloir,
Faites changer la Garde avant que de le voir,
                    Ostez

Ostez à son espoir ce moyen de vous nuire,
Et quand auprés de vous on le viendra conduire;
Donnant ordre au passage à le faire arrester,
Quel que soit son secret, forcez-le d'éclater.

HONORIUS.

Ah, que ne dois-je point à ta rare prudence !
Elle asseûre mes jours contre la violence,
Je t'en laisse le soin, ordonne sur ce point,
Change, dispose, agy ; toy, ne me quitte point.

Fin du second Acte.

ACTE III.
SCENE PREMIERE.

aHONORIUS, EUCHERIUS.

HONORIUS.

D ISSIPE, Eucherius, dissipe ces alarmes,
Quand Zenon hautement prendroit enfin les
armes,
Et qu'autheur d'un complot dont il te voit instruit
Il voudroit par la force en recueillir le fruit,
D'un si hardy dessein quelle que fust la suite,
Je plaindrois mon malheur sans blâmer ta conduite,
Puis qu'un destin égal estoit à redouter
De l'aveugle chaleur qui l'eust fait arrester ;
A voir par cét éclat la trame découverte
Soudain les Conjurez eussent pressé ma perte,
Et précipitant tout, auroient jetté mes jours
Dans un peril plus grand que celuy que je cours.
Tu m'en as épargné la triste certitude.

EUCHERIUS.

La crainte à mon esprit en est toûjours bien rude ;
Et pour rester sans trouble en de tels attentats,
Le coup seul trop souvent fait connoistre le bras.

HONO-

HONORIUS.

C'eſt dans la trahiſon un peril ordinaire,
Mais nous le previendrons par les ſoins de ton pere;
Le voicy qui déja l'aura ſçeu détourner.

SCENE II.

HONORIUS, STILICON, EUCHERIUS.

HONORIUS.

ET bien, Zenon vient-il ?
STILICON.
On va vous l'amener,
Seigneur, & Mutian s'eſt chargé de le prendre,
Où luy meſme au Jardin a promis de ſe rendre ;
Sans en ſçavoir la cauſe, il doit ſecrettement
Le conduire de là dans cét appartement,
Où nous forcerons, quelqu'en ſoit le myſtere,
D'expliquer hautement ce qu'il a voulu faire.
Ainſi coupable ou non, Seigneur, vous l'allez voir,
Sans que les Conjurez en puiſſent rien ſçavoir,
Et quand meſme ſur l'heure ils le pourroient apren-
     dre,
En vain à force ouverte ils voudroient entreprendre,
J'ay ſçeu prévoir à tout, & mes ordres ſecrets
M'aſſeurent de la Ville ainſi que du Palais.
HONORIUS.
O zele qui à jamais il faudra qu'on admire !
Une ſeconde fois je te devray l'Empire,
Tes ſoins dans mon enfance à maintenir mes droits
M'avoient ſçeu conſerver le rang où je me vois,
Par eux Rome toûjours reſpecta mon peu d'âge,
Et maintenant qu'un traiſtre à conſpirer s'engage,
La meſme ardeur encor t'intereſſant pour moy.
Mais je vay mieux ſçavoir tout ce que je te doy,
J'apperçoy Mutian.

STI-

STILICON.

Ciel ! de quelle disgrace

par un retour si prompt reçoy-je la menace ?
peut-il au rendez-vous s'estre déja trouvé ?

SCENE III.

HONORIUS, STILICON, EUCHERIUS, MUTIAN, MARCELLIN, Suite.

HONORIUS.

AH, Seigneur ! sçavez-vous le malheur arrivé?
Zenon...

HONORIUS.

Et bien, Zenon?

STILICON.

Voudroit-il entreprendre ?

Parlez.

MUTIAN.

Dans le jardin je songeois à me rendre

Quand vous ayant quitté je me trouve surpris
D'oüir nommer Zenon, & pousser de longs cris ;
Je quitte l'escalier, & ce grand bruit m'engage
A détourner mes pas vers cét obscur passage,
Dont le sentier estroit éclairé d'un faux jour
Jusqu'en ce Cabinet offre un secret détour.
Là tout saisi d'horreur d'une triste rencontre,
Je cherche à démentir ce que mon œil me montre,
De trois coups de poignard qui luy percent le flanc,
L'infortuné Zenon tout baigné dans son sang...

HONORIUS.

Zenon est mort ? ha Ciel !

EUCHERIUS.

Quoy, Zenon...

STILICON.

O disgrace !

Mais enfin ?

MU-

MUTIAN.
Je m'approche, & chacun me fait place;
En luy prenant la main je me la sens presser,
Un reste de vigueur semble se ramasser,
Je l'entends qui soûpire.

STILICON.
O succez favorable !
Il a parlé sans doute, & nommé le coupable ?

MUTIAN.
Il l'a voulù du moins, mais l'effort qu'il y fait,
Hâte sa destinée, & trompe mon souhait ;
Il expire.

STILICON.
Et du crime on n'a rien pû connoistre ?

MUTIAN.   (roistre,
Beaucoup l'environnoient lors qu'on m'a veu pa-
Je m'en informe à tous, mais tous le croyant mort,
Sans en avoir rien sçeu, plaignoient son triste sort.

HONORIUS.
Le mien est plus à plaindre, & dans cette disgrace
Les funestes soupçons où mon cœur s'embarasse
Avecque tant d'horreur en confondent l'espoir,
Qu'il n'ose examiner ce qu'il craint de sçavoir.
Eucherius a sçeu l'advis que l'on me donne,
Zenon qu'il va trouver ne luy nomme personne,
Il ne l'arreste point, & lors qu'il est mandé,
Ce malheureux Zenon se trouve poignardé.
Helas ! comme à le voir c'est toy seul que j'employe,
Luy mort, Eucherius, que faut-il que je croye ?
As-tu juré ma perte, & son sang répandu
Te rend-il ton secret quand le mien est perdu ?

EUCHERIUS.
Me soupçonner, Seigneur, moy ?

HONORIUS.
Que puis-je donc faire ?
Si je veux t'excuser, je condamne ton pere,
Et le fatal soupçon qui m'accable aujourd'huy
Ne s'éloigne de toy que pour tomber sur luy ;
Du crime dont Zenon m'a donné connoissance
Seuls vous avez receu tous deux la confidence,

Et

Et mon malheur est tel, que mon sort le plus doux
Est d'avoir quelque lieu de douter entre vous ;
Doutons, puisque par là du moins en apparence
Le criminel encor garde quelque innocence.
Dures extrémitez où je me vois reduit !
Ce que je dois à l'un est par l'autre détruit,
Tous deux contre un ingrat m'ont fait voir mesme
    zéle,
Mais si dans mon malheur l'un me reste fidelle,
Mon cœur est sur ce choix contraint de balancer,
Il a peur de punir s'il veut recompenser,
Et n'ose à l'innocent se rendre favorable,
De crainte en le cherchant de trouver le coupable.
    Qui que tu puisses estre, ô Coupable trop cher,
Qui confondant ton crime as l'art de te cacher.
Dûst l'erreur où je suis me devenir funeste ?
Laisse-m'en la douceur, c'est tout ce qui me reste.
Cette incertaine mort dont je suis menacé
Me plaist mieux que la tienne où je serois forcé,
Et je n'ay point à craindre un destin plus contraire
Qu'estre reduit à perdre une teste si chere,
De tous ses coups pour moy c'est là le plus affreux,
Pour couvrir le coupable offre-m'en toûjours deux,
Empesche l'Innocent de se faire connoistre,
Et parois-le du moins puisque tu ne peux l'estre.

S T I L I C O N.

Ah, Seigneur ! dans l'horreur dont je me sens frapé,
Pardonnez si mon trouble est si tard dissipé,
Et si tant de bontez m'arrachent avec peine
Le déplorable adveu qui m'acquiert vostre haine,
Je le nierois en vain, le crime est averé,
Eucherius ou moy nous avons conspiré,
Le malheur de Zenon en convainc l'un ou l'autre,
Et quand son sang versé marque la soif du vostre,
Un scrupule douteux retient trop vostre bras,
Si le coupable l'est, le crime ne l'est pas,
Il faut punir, Seigneur, & sans incertitude
Vostre couroux m'en doit la peine la plus rude,
Puis qu'armant contre moy sa plus fiere rigueur,
Vous estes seur d'en perdre ou la cause ou l'autheur.

D'une

D'une ou d'autre façon ma mort est necessaire,
Je suis par moy coupable, ou le suis comme pere,
Qui détournant de moy l'attentat entrepris
Ne puis estre innocent des crimes de mon fils ;
C'est moy qui dans son cœur luy donnant la naissance
En dois avoir jetté l'effroyable semence,
Enraciné l'instinct, & coulé dans son sang
L'abominable ardeur de vous percer le flanc.
Comme avecque la vie il l'a de moy receuë,
De ce sang malheureux la source est corrompuë,
Et si rien jusqu'icy n'en semble estre connu,
C'est que de mes forfaits le temps n'est pas venu ;
Que ma mort au plustost, Seigneur, vous en delivre,
Ils pourroient éclater si vous me laissiez vivre,
Et cedant au Destin qui nous entraîne tous,
Ma main peut-estre, helas ! attenteroit sur vous.
Ainsi puisque ce sang me rend de tout capable,
Vous pouvez sans erreur me traiter en coupable,
Prononcez, & par là daignez me dérober
Au peril des forfaits où je pourrois tomber.

HONORIUS.

Qu'en vain en t'accusant ta tendresse de pere
Cherche à croistre une erreur qui me seroit trop
    chere,
Si dans ce qu'à mes yeux ta vertu vient offrir
Cent preuves de ta foy me la pouvoient souffrir.
Qui s'est dans mon jeune âge empesché d'entrepren-
Ne me peut envier ce qu'il a sçeu me rendre,   (dre,
Et plus à ces clartez je tâche à resister,
Moins leur cruel éclat me permet de douter.
Je vois... te le diray-je, & ma juste colere...

STILICON.

Ouy, Seigneur, accablez un miserable pere,
Sur ce cœur affligé portez les derniers coups,
Tout ce que vous voyez je le vois comme vous.
Helas, où m'emportoit une indigne tendresse !
J'ay merité l'arrest dont ma douleur vous presse ;
Mais cette triste mort dont j'attens le secours
Sans une autre victime asseure mal vos jours ;
En vain sur moy d'abord la Nature incertaine

De

De l'attentat d'un fils vouloit jetter la peine,
Et me persuader pour luy servir d'appuy
Qu'il s'expieroit assez si je mourois pour luy.
Je dois mourir sans doute, & d'un forfait si lâche
Il faut que tout mon sang efface enfin la tache,
Mais ce fils trop perfide, & toutefois trop cher,
A sa peine par là ne se peut arracher :
Qu'il perisse l'ingrat, dont la rage secrete
Par vostre seule mort se peut voir satisfaite.
Voila, voila, Seigneur, où l'Amour l'a reduit,
De ses vœux sans un Trône il attend peu de fruit,
La Princesse obstinée à dédaigner sa flame
N'abaisse qu'à ce prix la fierté de son ame ;
Et le lâche, aux transports d'un criminel espoir
A laissé contre vous séduire son devoir.

EUCHERIUS.
Et mon pere luy mesme aide au sort qui m'accable ?

HONORIUS.
Pour te faire innocent nomme donc un coupable,
Mes soupçons dessus toy s'attachent à regret;
Mais qui peut de Zenon avoir sçeu le secret ?

EUCHERIUS.
Tantost en luy parlant, Seigneur, de l'entreprise,
J'ay veu sur son visage une estrange surprise,
Et comme cent témoins la pouvoient observer,
Quelqu'un en le perdant aura crû se sauver ;
Souvent à prévenir la défiance engage.

HONORIUS.
Ah, si de ta fureur sa mort n'estoit l'ouvrage,
C'est vers ce rendez-vous l'un à l'autre donné
Qu'une barbare main l'auroit assassiné ;
Dans le bois du Jardin loin de t'aller attendre,
Icy seul en secret il cherchoit à se rendre,
Se défiant des lieux où tu veux l'attirer,
Sa foy pour m'advertir n'a plus à differer,
Et lors que pour me voir à tout il se hazarde,
Dans un obscur passage un traistre le poignarde.

EUCHERIUS.
Prenant un rendez-vous il a sçeu m'abuser,
Mais de sa mort par là me doit-on accuser ?

HONORIUS.

Fay croire, si tu peux, ces preuves trop grossieres,
Pour voir ton crime, helas! j'ay bien d'autres lu-
    mieres;
Zenon à me parler voit le peril trop grand,
Il hazarde un billet qu'en secret on me rend,
L'Imperatrice en vain de se taire est capable,
De peur qu'elle ne l'ouvre il cache le coupable,
Et ne l'auroit pas tû, s'il n'eust craint qu'en effet
La sœur n'aidast du frere à couvrir le forfait.
D'ailleurs lors que j'éleve un si rare service,
Tu me le fais soudain soupçonner d'artifice,
Si j'accuse un ingrat qui viole sa foy,
Tu prévois qu'il s'appreste à parler contre toy;
Tant de précaution marque une indigne ruse,
Qui se trouve innocét ne craint point qu'on l'accuse,
Et ce qui te convainc, tu te vois dédaigner
Si tu ne mets ma sœur en estat de regner;
Mes jours sacrifiez flatent ton esperance,
Sans haïr ta personne elle hait ta naissance,
Et ma mort t'asseurant le pouvoir souverain,
Il faut percer mon cœur pour meriter sa main.
Tu t'y resous enfin, & l'ardeur qui t'entraîne...

STILICON.

O crime, dont l'horreur ne se conçoit qu'à peine!
M'en as-tu veu capable, & honteux d'obeir,
As-tu receu de moy l'exemple de trahir?
Quand le lâche Rufin arma contre son Maistre,
M'éprouva-t'on trop lent à prévenir ce traistre,
Et d'un peuple depuis enclin aux remuëmens,
Quel autre à mieux que moy calmé les mouvemens?
Que dans le plus beau sort souvent la cheute est
    prompte!
J'ay vescu glorieux pour mourir dans la honte,
Et voir le Ciel lassé de me servir d'appuy
Confondre ma vertu dans le crime d'autruy.

HONORIUS.

Va, tu le crains en vain; mais toy, pour ta def-
    fence,
Ingrat, dédaignes-tu de rompre le silence?

E ij

E U C H E R I U S.

Que vous dirois-je, helas ! qui pûst me secourir ?
Je suis né malheureux, & je cherche à mourir.

S T I L I C O N.

Quoy, ton malheur, perfide, est toute ton excuse ?

E U C H E R I U S.

Un Pere me condamne, & mon Maistre m'accuse,
A leurs justes soupçons que pourrois-je opposer ?
Je voy que l'apparence aide à les abuser,
Et que ce cœur supris d'un crime abominable,
Ne peut estre innocent s'ils l'estiment coupable.

H O N O R I U S.

Donc ta rage te plaist, & pour mieux en joüir
Par ces déguisemens tu me crois ébloüir ?
Non, non, contre un soupçon si fort, si legitime,
Ne te deffendre point, c'est redoubler ton crime,
Dy qu'en te séduisant, l'Amour t'y sçeut forcer,
Et par ton repentir tâche de l'effacer.

E U C H E R I U S.

Pour effacer celuy dont vostre erreur m'accuse,
Il faut du sang, Seigneur, & non pas une excuse,
Et tout le mien suffit à peine à l'expier,
Si le Destin s'obstine à ne calomnier ;
Il a juré ma perte, & de sa violence
Je ne puis appeller qu'à ma seule innocence ;
Qui fuit plus que la mort de telles trahisons,
Jamais à s'en purger ne trouve de raisons ;
Surpris d'estre accusé, dans l'abus qui l'opprime
Par son silence seul il répousse le crime,
Et stupide & muet en des soupçons si bas,
Prouve son innocence à ne la prouver pas.

H O N O R I U S.

Et bien, ingrat, & bien, sois ferme à ne rien dire ;
Voudras-tu point encor nier que l'on conspire,
Qu'un traistre ose attenter ?

E U C H E R I U S.

　　　　　　　　On le nieroit en vain,
Zenon assassiné rend le crime certain,
Mais à quelques soupçons qu'il expose mon zéle,
J'ignore le coupable, & je vous suis fidelle.

STILICON.
Quoy, lâche, sur ton cœur le remords ne peut rien?
HONORIUS.
Dérobe le toûjours aux tendresses du mien;
Voicy par qui sans toy nous pourrons tout apprendre.
EUCHERIUS.
Quoy, vous croyez, Seigneur...
HONORIUS.
Je ne puis plus t'entendre.
Qu'on le tienne en lieu seur, Marcellin.
EUCHERIUS.
Mon soucy
N' est pas...
HONORIUS.
Suivez vostre ordre, & l'éloignez d'icy.

SCENE IV.

HONORIUS, THERMANTIE, PLACIDIE, STILICON, MUTIAN, LUCILE.

HONORIUS *à Thermantie.*

AH, Madame!
THERMANTIE.
Ah, Seigneur! que vient-on de me dire?
HONORIUS,
Ce qui m'arrache l'ame, Eucherius conspire,
Et l'ingrat, qu'au remords en vain j'ay crû forcer,
Aime son crime assez pour ne rien confesser;
Mais ma sœur nous en peut éclaircit l'entreprise.
PLACIDIE.
Luy, conspirer, Seigneur?
HONORIUS.
En estes vous surprise,
Et vous estonnez-vous que pour vous meriter
Au Trône de son Maistre il aspire à monter?
C   L2

La loy qu'à son amour vostre orgueil en impose,
Soûtient avec éclat le sang de Theodose,
Et ces dignes complots dont je préviens les coups
Remplissent la fierté qu'il exige de vous.

P L A C I D I E.

Si j'ay tout le pouvoir qu'en moy vous semblez
　　　craindre,
Cette fierté, Seigneur, m'authorise à me plaindre,
Et prendre pour affront l'indigne emportement
Qui dans un criminel veut trouver mon Amant.
L'amour qu'à ses pareils une Princesse imprime,
Rend le cœur qu'il occupe incapable de crime,
Et pour Eucherius ce droit est si puissant,
Que s'il m'aime en effet, il doit estre innocent;
Ma vertu fait sa regle en tout ce qu'il peut faire,
D'un peu d'orgueil peut-estre elle a le caractere,
L'éclat d'un sang illustre est son plus cher appas;
Mais un si noble orgueil n'inspire rien de bas.
S'il tient l'ardeur du Trône & douce & legitime,
Il sçait la dédaigner dés qu'il en coûte un crime,
Et c'est d'Eucherius connoistre mal la foy,
Que vouloir présumer qu'il conspire pour moy.
Qu'on me réponde en luy d'une amour veritable,
Je répondray qu'à tort vous le croyez coupable,
Et qu'il me connoist trop pour s'estre enfin flaté
De surprendre mon cœur par une lâcheté.

H O N O R I U S.

Jusqu'où l'orgueil du sang contre moy vous abuse!
La cause de son crime en doit estre l'excuse,
Et quand à conspirer pour vous il se resout,
D'un si lâche forfait vostre vertu l'absout?
Que le sçait vostre Amant l'en doit croire incapable?

T H E R M A N T I E.

Mais sur quoy s'asseurer, Seigneur, qu'il soit coupa-
　　　ple?

H O N O R I U S.

Sur cent preuves, helas! qu'il n'a pû démentir,
Si Zenon en secret tâche de m'avertir,
S'il n'ose me parler de peur qu'on le soupçonne,
S'il vous donne un billet sans y nommer personne,

C'est

C'eſt qu'en m'advertiſſant, s'il fait rien éclater,
Il trouve Eucherius par tout à redouter ;
Il vous craint comme ſœur s'il s'ouvre ſans reſerve,
S'il me parle au Palais, Eucherius m'obſerve ;
Enfin par ſon amour ſa vertu ſe détruit,
Il aime, il cherche à plaire, & c'en eſt là le fruit.

PLACIDIE.

Et bien, juſqués au bout pouſſez voſtre injuſtice,
D'un forfait odieux declarez-moy complice,
Prenez l'occaſion de vanger ſur mon ſang
Le refus d'un hymen qui trahiſſoit mon rang ;
Quand j'auray par ma mort ſaoulé voſtre vangeance,
D'Eucherius alors vous croirez l'innocence,
Et ferez vanité de ne plus déguiſer,
Que pour me perdre ſeule on voulut l'accuſer.

STILICON.

Ah, Madame ! quittez une erreur volontaire,
N'excuſez point un fils que deſadvouë un pere,
Le ſang en ſa faveur auroit ſéduit ma voix,
Mais contre mon devoir la Nature eſt ſans droits,
Vous voyez ſon forfait dans l'ardeur qui l'anime,
En vous oſant aimer, il fit un premier crime,
Et ſon reſpect pour vous par ſon feu violenté
N'a pû dans un plus grand voir ſon cœur ébranlé.
Hors l'objet qui le charme il n'a rien à connoiſtre,
Pour gagner ſa Maiſtreſſe il veut perdre ſon Maiſtre,
Et tient ſon attentat facile à pardonner,
Si vous demandant grace il peut vous couronner.

THERMANTIE.

Mais cependant, Seigneur, d'une lâche entrepriſe
On ne peut trop pour vous redouter la ſurpriſe.
Il faut pourvoir ſur l'heure à voſtre ſeureté.

PLACIDIE.

Ouy, Madame, & punir qui l'aura merité.
Attendant que du crime on ait quelque lumiere,
Dans mon appartement je me fais priſonniere,
Preſte à répondre à tout, on m'y peut obſerver.

Elle ſort.

STILICON.

O Sort, dont le caprice oſa trop m'élever !

HONORIUS.
Va, si de sa fureur quelque chose est à craindre,
Songe à m'en preserver, & non pas à te plaindre,
Donne ordre...

STILICON.
Moy, Seigneur ? prendre quelque pouvoir
Quand je deviens suspect du crime le plus noir ?
Non, non, pour me cacher l'oprobre de ma race
Je demande la mort par justice ou par grace,
Et que vous m'épargniez la honte où je me voy
D'avoir fait naistre un fils si peu digne de moy ;
Voudroit-on qu'en luy seul sa lâcheté punie
M'en laissast aprés luy traîner l'ignominie ?
L'horreur m'en fait trembler, & voulant le trépas,
Vous me puniriez trop de ne me punir pas.

HONORIUS.
O devoir toûjours ferme, & vertu trop severe !
Madame, prenez soin de consoler un pere ;
C'est perdre trop de temps au peril où je suis.

THERMANTIE.
Helas ! que peut une ame où regnent tant d'ennuis ?

MUTIAN, bas à Stilicon.
Seigneur, contre ce fils témoigner tant de haine ?

STILICON.
Je sçay ce que je fais, ne t'en mets point en peine,
Et demain tiens-toy seur de voir selon tes vœux,
Eucherius au Trône, & Stilicon heureux.

Fin du troisiéme Acte.

ACTE

ACTE IV.

SCENE PREMIERE.

PLACIDIE, LUCILE.

PLACIDIE.

LE crime est éclaircy ! que me dis-tu, Lucile ?

LUCILE.

Que du moins le coupable à connoistre est fa-
cile,
Et qu'il se cache en vain, lors qu'un heureux destin
De Zenon dans Felix nous livre l'assassin.

PLACIDIE.

Felix ! quoy, cette mort est l'effet de sa rage ?

LUCILE.

Flavie entroit alors dans cet obscur passage,
Qui s'arrestant au bruit, mais sans rien discerner,
Entend, *& c'est Felix qui m'ose assassiner.*
Interdite & tremblante, elle quitte la place,
Rencontre Theodot, luy dit ce qui se passe,
Il l'oblige à s'en taire, & prudent & discret
En vient à l'Empereur découvrir le secret;
Luy que d'Eucherius le triste sort accable,
Craint de voir un témoin qui convainc le coupable,
Et mandant Stilicon, luy veut persuader
De pourvoir en secret à le faire évader ;
Mais loin que Stilicon à cet ordre obeïsse,
Si son fils est coupable, il consent qu'il perisse,
Et quoy que de Felix il doive redouter,
C'est luy-mesme aussi-tost qui le fait arrester.
Voila de Mutian ce que je viens d'apprendre.

PLACIDIE.

Mon cœur dans ce qu'il sent a peine à se compren-
dre,
La joye & le chagrin y viennent tour à tour

En-

Entretenir ma crainte, & flater mon amour;
Mes vœux d'Eucherius embraſſent la deffence,
J'en voudrois déja voir éclater l'innocence,
Et par l'effet d'un charme auſſi doux que preſſant
Je crains pour mon orgueil s'il se trouve innocent;
A voir un malheureux que le Deſtin opprime,
On laiſſe agir pour luy tout ce qu'on eut d'eſtime,
Et quoy qu'aſſez souvent l'amour s'y trouve joint,
La pitié l'authoriſe, on ne s'en deffend point ;
L'ame qu'elle séduit s'en laiſſant trop atteindre,
Prend sujet d'admirer ce qu'elle voit à plaindre,
En vain dans cette ardeur on la veut refroidir,
Elle se trouve émeuë, & s'en oſe applaudir,
Et croyant d'elle-meſme eſtre toûjours Maiſtreſſe,
Sur sa compaſſion excuſe sa tendreſſe,
C'eſt par ce sentiment qui sembloit m'y forcer,
Que pour Eucherius j'ay crû m'intereſſer ;
Sa vertu que soûtient l'éclat le plus inſigne,
D'un soupçon lâche & bas me l'a fait voir indigne,
Et pour en repouſſer l'injuriéux abus,
J'ay suivy de mon cœur le mouvement confus,
Ce cœur s'eſt attendry, mais quoy qu'il en soûpire,
Je doute si jamais il s'en voudra dédire,
Et si dans un Sujet son fier emportement
Dédaignera toûjours d'advoüer un Amant.

L u c i l e.

Quelque tendre pitié qui vous porte à le plaindre,
Il n'eſt guere en eſtat de vous la faire craindre,
La conjecture eſt forte, & l'indice preſſant ;
Tout le rend criminel.

P l a c i d i e.

　　　　　Mais il eſt innocent,
Et dequoy que son cœur pour regner fuſt capable,
Quiconque oſe m'aimer ne peut eſtre coupable.

L u c i l e.

Un si beau sentiment feroit tout préſumer,
Si l'on aimoit toujours quand on jure d'aimer.
Il peut feindre avec vous.

P l a c i d i e.

　　　　Mais, Lucile, je l'aime,

S'il

S'il peut feindre avec moy, puis-je feindre de mesme,
Et crois-tu que mon cœur pûst trahir ma fierté
Jusqu'à vouloir s'entendre avec sa lâcheté ?
Non, non, ces vains dehors d'une fauffe tendreffe,
N'éblouïffent jamais les yeux d'une Princeffe,
Elle prend dans son fang l'infaillible pouvoir
De donner de l'amour avant qu'en recevoir,
Incapable d'erreur dans les feux qu'elle excite,
Elle y voit la vertu fouftenir le merite,
Et fur ces feuls garands fe laiffant enflamer,
Eft feure d'eftre aimée alors qu'elle ofe aimer.

LUCILE.

Ce droit d'un fang illuftre eft le vif caractere,
Mais abfoudre le fils, c'eft condamner le pere,
Croirez-vous Stilicon capable d'attenter ?

PLACIDIE.

Il aime l'Empereur, on n'en fçauroit douter,
Ce qu'il a fait pour luy deffend qu'on le foupçonne,
Mais dans fa dureté fon courage m'eftonne,
Et je ne comprens point quel jaloux defefpoir
Immole Eucherius à fon trifte devoir ;
Si l'Amour en fecret m'en fait voir l'innocence,
Le fang pour l'éclairer n'a pas moins de puiffance,
Et ces douces clartez devroient également
Luy répondre d'un fils comme à moy d'un amant.

LUCILE.

Voicy par qui fçavoir qui des deux eft à plaindre.

SCENE II.

PLACIDIE, MARCELLIN,
LUCILE.

PLACIDIE.

LA perfidie enfin n'eft-elle plus à craindre?
Et connoit-on l'autheur ? Felix a-t'il parlé ?

MARCELLIN.

Le fecret vient par luy d'en eftre revelé,

C 4

Euche-

Eucherius...

P L A C I D I E.
Et bien ? Eucherius conspire ?

M A R C E L L I N.
Felix s'est obstiné long-temps à ne rien dire,
De la mort de Zenon par Flavie accusé,
Il ne peut s'émouvoir d'un crime supposé.
En vain pour ébranler son insolente audace
On fait agir d'abord & promesse & menace,
Il tient son innocence un assez ferme appuy,
Et ces divers efforts n'auroyent pû rien sur luy,
S'il n'eust veu Stilicon par les plus rudes gênes
Resolu d'en tirer des lumieres certaines.
Il s'estonne, on le presse, & tremblant & confus,
Il gauchit, parle, advoüe, & nomme Eucherius.

P L A C I D I E.
Il l'accuse ?

M A R C E L L I N.
Ouy, Madame, & détestant son crime
Nous apprend quel motif à conspirer l'anime ;
Qu'ayant veu vostre cœur du Diadême épris,
Il croyoit par ce charme éblouïr vos mépris ;
Que trahy par Zenon, un revers si contraire
L'avoit fait aussi-tost songer à s'en deffaire,
Et que pour ce grand coup d'un prompt succez suivy,
C'est son bras en secret dont il s'estoit servy.

P L A C I D I E.
Ah, Lucile !

L U C I L E.
Madame...

M A R C E L L I N.
Enfin on les confronte ;
Eucherius rougit de colere & de honte,
Quoy que Felix soûtienne, il ose le nier,
C'est un lâche aposté pour le calomnier.
Qu'on les expose ensemble aux plus cruels supplices,
On verra l'imposture, on sçaura les Complices :
C'est par là que Felix le convainc du forfait,
Il s'offre à les nommer, & les nomme en effet ;
L'Empereur seul les sçait, & leur rage l'estonne,

Pour

Pour les faire arrester l'ordre secret se donne,
Et comme si leur sort ne regloit pas le sien,
Eucherius le voit, & ne confesse rien.

P L A C I D I E.

Ah, le traistre ! il croit donc que ses lâches Complices
Sans trahir son secret braveront les supplices,
Que rien par leur rapport ne doit estre éclaircy ?

M A R C E L L I N.

Madame, l'Empereur va l'envoyer icy,
Comme l'Amour peut tout vous aurez moins de
    peine
A sçavoir... Mais déja le voicy qu'on amene,
Chacun va s'éloigner, peut-estre sans térnoins
Son cœur avecque vous se déguisera moins.

S C E N E III.

PLACIDIE, EUCHERIUS, LUCILE.

E U C H E R I U S.

QUoy qu'on voye à l'envy l'imposture & l'en-
    vie
Attaquer tout ensemble & ma gloire & ma vie,
La plus âpre rigueur d'un si cruel effort
Laisse encor ma Princesse arbitre de mon sort ;
Non que j'ose douter quel ordre je doy suivre,
Qui n'en peut estre aimé n'est point digne de vivre,
Mais j'auray moins de peine à renoncer au jour,
Quand je croiray par là luy prouver mon amour,
Et je ne craindray point de voir ternir ma gloire,
Si je meurs asseuré de vivre en sa mémoire ;
Un prix si relevé rendra mes vœux contens,
Et c'est dans mon malheur le seul bien que j'attens.

P L A C I D I E.

Vous pouvez l'esperer aprés ce grand ouvrage
Qu'entreprenoit pour moy vostre illustre courage,

C 5   Et

Et j'aurois trop d'orgueil, s'il n'estoit adoucy
Par l'horreur du forfait dont vous estes noircy.
EUCHERIUS.
Ah, Madame! il est vray; je commence à connoistre
Qu'innocent jusqu'icy, je cesse enfin de l'estre,
Puis que vous relâchant à soupçonner ma foy,
Cette injustice en vous est un crime pour moy;
De ma triste vertu les preuves imparfaites
Vous ont abandonnée à l'erreur où vous estes,
Et dans un cœur si grand l'erreur qui le séduit
Rend toûjours criminel quiconque l'y reduit.
Un projet lâche & bas semble noircir ma gloire,
Mais enfin mon seul crime est que vous l'osez croire,
Et que dans vostre cœur mes respects ny ma foy
N'ont jamais rien surpris qui vous parle pour moy.
PLACIDIE.
Va, je hay les dédains qui t'en cachoient l'estime
S'ils te font ignorer la moitié de ton crime,
Et veux bien un moment oublier ma fierté,
Pour te reprocher mieux toute ta lâcheté;
L'attentat le plus noir t'acquiert le nom de traistre,
Je t'en vois convaincu vers l'Estat, vers ton Maistre,
Mais je n'y puis penser que surprise d'effroy
Je n'en trouve un second qui ne touche que moy,
Ne dy plus qu'à tes vœux mon cœur fut inflexible,
Tout superbe qu'il est, tu l'as rendu sensible,
Et son plus vaste orgueil n'a pû le garantir
D'admirer ce qu'enfin je te voy démentir.
C'est là ce crime, ingrat, où t'aida ma foiblesse,
Tu m'as injustement dérobé ma tendresse,
Je me suis creuë aimée, & l'offre de ta foy
Sur ta feinte vertu m'a répondu de toy;
L'Amour qui contre moy soûtenoit un perfide,
La peignoit à mes yeux & brillante & solide,
Et toûjours cét éclat pour toy m'interessant,
Si Felix n'eust parlé, t'auroit fait innocent.
Ouy, pour juger en toy l'innocence opprimée,
Il m'a suffy d'aimer, & de me croire aimée,
Et de voir qu'en secret ma plus fiere rigueur,
Te refusant ma main, t'abandonnoit mon cœur;
L'ad-

L'adveu m'en eft honteux, mais j'ay cét advantage,
Qu'au moins ton fang eft preft d'en reparer l'outra-
   ge,
Et que l'éclat trompeur dont tu fçeus m'éblouïr,
N'a pû me l'arracher quand tu pûs en jouïr.

          E U C H E R I U S.

Ah! fouffrez qu'à loifir j'en goufte tous les charmes,
La calomnie enfin me caufe peu d'alarmes,
De mon deftin trop toft je m'eftois deffié,
L'Amour parle pour moy, je fuis juftifié ;
Avec tant de fureur l'impofture m'accable,
Qu'à croire ce qu'on voit, je dois eftre coupable,
Et quand tout me confond, Zenon affaffiné
Laiffe pour me convaincre un témoin fuborné ;
Mais que peut contre moy fa noire perfidie
Si mes foins ont touché l'illuftre Placidie,
Et fi je voy l'Amour jaloux de mon trépas
Luy donner des clartez que les autres n'ont pas ?
Indigne de fa main, ma mort eft neceffaire,
Mais je ne dois mourir que pour la fatisfaire,
Et me punir enfin du coupable malheur
De ne rien meriter au delà de fon cœur.
Prenez de ce deffaut une prompte vangeance,
Mon amour vous la doit de mon peu de naiffance,
Et la mort ne fçauroit offrir rien que de doux
A qui vit pour vous feule, & ne peut eftre à vous.
Helas ! fi cette gloire eft fa feule où j'afpire,
Ne vivant que pour vous, veut-on que je confpire,
Et que ma paffion ait crû vous meriter
Par le forfait honteux que l'on m'ofe imputer ?
Me ferois-je flaté qu'un Trône euft pû vous plaire
Teint du fang de mon Maiftre, & de celuy d'un fre-
   re,
Et que d'un lâche orgüeil voftre cœur combatu
Déferait tout au crime, & rien à la vertu ?
Non, non, fi d'un beau fang la fierté peu flexible
Oppofe à mon efpoir un obftacle invincible,
Je connois trop ce fang pour avoir prefumé
Qu'un criminel heureux pûft jamais eftre aimé ;
Mais pourquoy me purger d'une action fi noire ?

C 6

J'ay

J'ay tout ce que je veux, vous ne la ſçauriez croire,
Et cherchant à mourir, il doit m'eſtre aſſez doux
Que le Sort ne me laiſſe innocent que pour vous.

P L A C I D I E.

Sois-le, ſi tu le peux, du forfait qu'on t'impute,
Par tout ta trahiſon contre moy s'execute,
Et par un juſte effet de ce que je me doy,
Coupable ou non d'ailleurs, tu l'es toûjours pour
　　moy.
Si la mort de Zenon ſoüille ton innocence,
Tu m'as fait naiſtre un feu qui trahit ma naiſſance,
Et ſi ce lâche crime à tort t'eſt imputé
Il me couſte un adveu qui trahit ma fierté,
Ainſi ſans penerrer un complot deteſtable,
Tu me dois ſatisfaire innocent ou coupable;
Je t'ay dit que je t'aime, & l'advouë à regret,
Ou rends-moy mon amour, ou rends-moy mon ſe-
　　cret.
Affranchy-moy d'un ſort dont ma gloire s'indigne;
Veux-tu te faire aimer ſi tu n'en es pas digne,
Et ſi ta paſſion a merité ce prix,
Veux-tu me voir rougir de te l'avoir appris?
Abuſe moins d'un cœur dont l'orgueil qui me preſſe
Ne t'a pû juſqu'au bout déguiſer la tendreſſe,
D'un ſi ſenſible outrage il eſt ſi peu d'accord...

E U C H E R I U S.

Et bien, pour l'expier il faut haſter ma mort,
Il faut advoüer tout, il faut laiſſer tout croire,
Pour vous ſeule auſſi-bien j'ay pris ſoin de ma gloire,
Et quand voſtre intereſt me deffend de parler,
C'eſt ne la perdre pas que de vous l'immoler.

P L A C I D I E.

Ah, vy pour démentir ceux qui l'oſent pourſuivre.

E U C H E R I U S.

Mais mon ſort eſt d'aimer ſi vous me laiſſez vivre,
Et je trouve en ſecret tous mes vœux attachez
A l'heureux attentat que vous me reprochez.
Me le ſouffririez-vous?

P L A C I D I E.

Prouve ton innocence,

Et

Et si mes sentimens estonnent ta constance,
Songe que c'est beaucoup qu'un cœur comme le
   mien
Vueille, murmure, craigne, & ne resolve rien.

SCENE IV.

HONORIUS, PLACIDIE, EUCHERIUS, MARCELLIN, LUCILE, Suite.

PLACIDIE.

SEigneur, je vous l'ay dit, & ne m'en puis dédire
Ou par ambition Eucherius conspire,
Ou s'il fait tout ceder aux soins de m'acquerir,
A de lâches moyens il n'a pû recourir.
Je n'ay rien sçeu de luy, mais enfin pour sa gloire
Vous apprendrez qu'il m'aime, & que j'ose le croire;
Peut-estre cét adveu que j'ay crû luy devoir
Me fera partager un attentat si noir,
Si Felix l'en convainc, l'apparence m'engage,
Mais m'en justifier seroit vous faire outrage,
Et sans expliquer mieux quel est mon interest,
Je vay pour l'un & l'autre attendre vostre arrest.

SCENE V.

HONORIUS, EUCHERIUS, MARCELLIN, Suite.

HONORIUS.

QUoy, vouloir que toûjours cét orgueil m'é-
   bloüisse ?
L'as-tu séduite, ingrat, pour estre ta conplice,
Et crois-tu que l'appuy qu'elle ose te prester

Prouve la calomnie, ou me force à douter ?
　　　　　E U C H E R I U S.
Seigneur, pour mes pareils que l'imposture accable,
C'est estre criminel que d'estre crû coupable,
Et leur foible vertu les laissant soupçonner,
Ne fut jamais en eux un crime à pardonner.
Vous pouvez me punir sans que j'ose m'en plaindre;
Mais ce crime est le seul dont j'ay la honte à craindre,
Et tout ce que mon cœur dépose contre moy,
C'est d'avoir mis mon Maistre en doute de ma foy.
　　　　　H O N O R I U S.
Quelle fureur aveugle à nier t'interesse ?
Va, si tu crains qu'en tout la verité paroisse,
Que ton adveu trop loin estendist le forfait,
Confesse-toy coupable, & je suis satisfait.
Pour percer les motifs d'une telle injustice
Je n'examineray ny témoin ny complice,
Tu choisiras ta peine, & pour t'en garantir,
Il ne te coustera qu'un simple repentir.
　　　　　E U C H E R I U S.
L'apparence m'accuse, & vous la pouvez croire ;
Mais n'ayant jusqu'icy vescu que pour la gloire,
Ce cœur dont la vertu regla tous les efforts,
N'a point à redouter la honte du remords.
　　　　　H O N O R I U S.
Et bien, si je ne puis abaisser ton courage
Au remords d'un forfait dont tu cheris la rage,
Si pour toy l'attentat est toûjours plein d'appas,
Confesse-le du moins pour ne te perdre pas;
J'en voy par tout l'adveu qui confond ton auda..,
Mais je le veux de toy pour t'accorder ma grace,
Ne la refuse point; elle est en ton pouvoir.
　　　　　E U C H E R I U S.
Qui n'est point criminel ne la peut recevoir.
　　　　　H O N O R I U S.
Convaincu par Felix, tu démens ton complice ?
　　　　　E U C H E R I U S.
Le temps de l'imposteur fera voir l'artifice.
　　　　　H O N O R I U S.
Et ceux dont ton adresse a suborné l'appuy

Vont

Vont eftre en t'accufant impofteurs comme luy ?
Valere, Pompejan, Evodius, Maxence,
Lucilian, Rufus, Albin, Straton, Terence,
Tous ces lâches enfin de tes crimes inftruits,
Pour te calomnier auront efté féduits ?
Si l'on te rend juftice il faut qu'on les recufe ;

EUCHERIUS.

Ils pourront m'accufer puifque Felix m'accufe,
Mais quoy que contre moy le Sort ofe par eux,
Mon crime ne fera que d'eftre malheureux.

HONORIUS.

Ton malheur eft de voir ta rage découverte,
Mais renonce à ma grace, & t'obftine à ta perte,
Puifque dans ta fureur rien ne peut t'eftonner,
A ton lâche deftin il faut t'abandonner.
Cet endurciffement que tu me fais paroiftre
Eft enfemble & la peine & la marque d'un traiftre,
La foudre va tomber, je t'en veux garantir,
Et c'eft toy feul, ingrat, qui n'y peux confentir.

SCENE VI.

HONORIUS, THERMANTIE, EUCHERIUS, MARCEL-LIN, Suite.

THERMANTIE.

SEigneur, fi la pitié peut affez fur voftre ame
Pour vous laiffer fenfible aux ennuis d'une féme,
Souffrez que par mes pleurs je tâche d'obtenir
Que vous confideriez ce qu'il vous faut punir ;
Je fçay d'Eucherius où va la perfidie,
Mais c'eft un criminel à qui le fang me lie,
Et quoy que pour fa peine il vous faille endurcir,
La part que j'en viens prendre a droit de l'adoucir.
Souffririez-vous, Seigneur, ce qu'on ne pourroit croi-
Le frere dans la honte, & la fœur dans la gloire? (re,
Et quand il eft en butte au revers le plus haut,

Me

Me verra-t'on au Trône, & luy fur l'echaffaut ?
Qu'à luy fauver le jour mon malheur vous convie,
La perte de mon rang vaudra bien une vie,
La fienne vous eft deuë, & pour la racheter
Je defcends de ce Trône où j'eus l'heur de monter ;
Choififfez un lieu feur, & l'y faites conduire,
Qu'il y traifne fes jours incapable de nuire,
Tandis qu'on me verra dans un deftin moins doux
Pleurer d'avoir à vivre, & de vivre fans vous.

EUCHERIUS.

Le Ciel fera pour moy, ne craignez rien, Madame,
Qui vit comme j'ay fait ne peut mourir infame,
Et vous avez du Trône entiere feureté,
Si vous n'en defcendez que par ma lâcheté.

HONORIUS.

N'attendez pas de luy l'adveu de mon injure,
Accufé, convaincu, c'eft toûjours impofture,
Pour mourir glorieux il fuffit de nier.

THERMANTIE.

Je n'entreprendray point de le juftifier ;
Mais, Seigneur, la prifon dont vous ferez fa peine,
S'il n'a point confpiré, rend l'impofture vaine,
Et s'il eft criminel, un long & dur remords
Luy peut faire au lieu d'une endurer mille morts.

HONORIUS.

Non, il ne mourra point, vôftre intereft l'emporte,
Si fon crime eft bien grand, ma tendreffe eft plus
    forte,
Et ce qu'à l'amitié mon cœur aime à devoir
Ne fçauroit plus laiffer fa peine en mon pouvoir.
Triomphe, ingrat, triomphe en confpirant ma perte,
Ton Juge eft corrompu, ta prifon t'eft ouverte,
Fuy, ne te montre plus ; quels que foient tes forfaits,
J'en feray puny feul à ne te voir jamais.

EUCHERIUS.

Que je confente à fuïr, & que j'aide à l'envie...

HONORIUS.

Quoy, me veux-tu forcer de m'immoler ta vie,
Et crains-tu de rougir à voir ton Empereur
Montrer plus de bonté que tu n'as de fureur ?

EUCHE-

EUCHERIUS.

Seigneur, je puis mourir, mais le fort qui m'opprime
Ne me fçauroit contraindre à me charger d'un crime,
Et j'aime mieux d'un autre expier le forfait,
Qu'advouër en fuyant ce que je n'ay pas fait.

HONORIUS.

O d'un cœur infidelle infupportable audace !
Tu trahis mes bienfaits pour te mettre en ma place,
Et quand je cherche à voir tes jours en feureté,
Tu t'obftines encor à trahir ma bonté !

SCENE VII.

HONORIUS, THERMANTIE, STILICON, EUCHERIUS, MARCELLIN, Suite.

HONORIUS.

Viens m'aider, Stilicon, à forcer un coupable
De ne pas rendre feul fa perte inévitable ;
Ton fils, ton lâche fils, aprés fa trahifon
Dédaigne encor de fuïr quand j'ouvre fa prifon,
Tire-le d'un peril qui n'a rien qui l'étonne,
Rens-toy maiftre des jours que l'ingrat m'abandon-
ne,
Et de ces triftes lieux l'éloignant malgré luy,
D'un arreft trop funefte épargne-moy l'ennuy.

STILICON.

Moy, Seigneur ? j'aurois l'ame affez lâche & perfide
Pour vouloir proteger un traiftre, un parricide ?
C'eft mon fils, il eft vray, mais un crime fi noir
Eftonnant la Nature, en détruit le pouvoir.
Comme ce cœur fenfible au bien de ma famille
Sur le Trône avec joye a veu monter ma fille,
Pour abattre un orgueil qui s'élevoit trop haut,
Je verray fans regret mon fils fur l'échaffaut,
Et s'il avoit pû fuïr, il n'eft retraite, azile,

Que

Que je ne fisse effort à luy rendre inutile,
Et d'où mon zéle ardant ne vinst avec éclat
Punir aux yeux de tous son indigne attentat.

HONORIUS.

Ah, Madame ! admirez quel destin est le nostre !
Je suis trahy par l'un, & vous l'estes par l'autre,
J'ay beau vous rendre un frere, & n'oser le punir,
Je demande sa grace, & ne puis l'obtenir,
Et trouve contre moy, quoy que je pense faire,
Et le crime du fils, & la vertu du pere.
Sont-ce-là, Stilicon, les tendresses du sang ?

STILICON.

Seigneur, le Ciel m'oblige à vanger vostre rang,
Si mon fils est sans crime, il prendra sa deffence.

EUCHERIUS.

C'est dont un juste espoir flate mon innocence,
Et dédaignant de fuir, au moins m'est-il bien doux
De me pouvoir par là montrer digne de vous;
Mais si ce sentiment merite quelque grace,
D'un zéle plein d'ardeur permettez-moy l'audace,
Quoy qu'on m'accuse à tort de vouloir attenter,
Quelque lâche conspire, & je n'en puis douter,
Le malheur de Zenon me le fait trop connoistre,
Dans un peril si grand ayez soin de mon Maistre,
Pour asseurer ses jours ne l'abandonnez pas.

STILICON.

Va, va, confesse tout, tu les asseureras;
Mais enfin on craint peu tes lâches artifices,
Quand Felix en secret a nommé tes Complices;
Vous aurez d'eux, Seigneur, de nouvelles clartez,
Rufus & Pompejan déja sont arrestez;
Je venois vous l'apprendre.

HONORIUS,

　　　　　　　　Ils m'osteront de doute;
Mais accepte ma grace avant qu'on les écoute,
S'ils t'accusent encor je ne pourray plus rien.

EUCHERIUS.

Leur zéle sera faux s'il peut noircir le mien.

HONORIUS.

Vois-tu que leur adveu rend ta perte certaine ?

E ur

EUCHERIUS.

Prononcez, je suis prest.

HONORIUS.

                    Gardes, qu'on le remene.

Traiſtre, tu veux perir, il faut te contenter.

MARCELLIN.

Ciel! quels malheurs plus grands pouvois-je redouter?

Fin du quatriéme Acte.

ACTE V.

SCENE PREMIERE.

STILICON, MUTIAN.

MUTIAN.

SEigneur, dans un moment vous n'aurez plus de
    Maiſtre,
Nos Conjurez enfin ſe vont faire connoiſtre,
Et vous aviez bien lieu d'avancer un deſſein,
Dont l'effet cette nuit pouvoit eſtre incertain.
Outre qu'apres l'éclat où l'on s'eſt veu contraindre,
Quelque Zenon encor eſtoit pour vous à craindre,
L'Empereur par ſcrupule euſt pû ſecretement
L'aller paſſer ailleurs qu'en ſon appartement;
Tandis qu'enfermé ſeul avec le faux coupable,
Il rend l'occaſion à nos vœux favorable,
Juſqu'en ſon cabinet vingt des noſtres choiſis
Sont allez par ſa mort abſoudre voſtre fils,
Sa garde eſt du complot, la pluſpart ſont des noſtres,
Et le poignard ſoudain nous deffera des autres,
Le reſte du party dans le Palais épars,
D'un tumulte impréveu préviendra les hazards;
Ainſi tout eſt pour vous, & l'entrepriſe eſt ſeure.

STILICON.

J'ay parlé contre un fils, j'ay trahy la Nature,
Tu t'en és eſtonné, mais de moindres efforts

Ne m'euſſent du projet laiſſé que les remords ;
Pour le voir reüſſir, quelque horreur qu'il m'en
        coûte,
Il falloit de ma foy ne laiſſer aucun doute,
Esbloüir l'Empereur, & ſur tout éviter
Que l'intereſt du ſang ne me fiſt arreſter ;
Nos amis dont moy ſeul je fais la confiance,
Auroyent par ma priſon perdu toute eſperance,
Et ſans rien entreprendre, aux dépens de mes jours
Chacun d'eux dans la fuite euſt cherché du ſecours.
J'ay preveu ce peril, & pour mieux m'en deffendre,
De peur d'eſtre ſuſpect, j'ay voulu me le rendre,
Et demandant la mort, cette ardeur de perir
A détruit les ſoupçons où je ſemblois m'offrir.

                    MUTIAN.

J'en vois l'heureux effet, mais enfin ma ſurpriſe
C'eſt qu'en ſecret Zenon trahiſſant l'entrepriſe,
Tout ait ſçeu lors ſi bien à vos vœux s'accorder,
Que Felix par voſtre ordre ait pû le poignarder ;
J'ay tremblé toutefois quand j'ay ſçeu la diſgrace
Qui contraignoit Felix d'avoüer ſon audace,
Je vous croyois perdu le voyant arreſté.

                    STILICON.

Non, non, avant le coup tout eſtoit concerté,
Pour fuïr tous les ſoupçons que je voyois à craindre
Mes ſoins n'avoyent eſté que de l'inſtruire à feindre,
Et nous eſtions d'accord que s'il eſtoit ſurpris,
Aprés quelque menace il accuſaſt mon fils ;
J'en ay tiré ce fruit, que par ces artifices
Feignant à l'Empereur de nommer les Complices,
Il a fait arreſter tous ceux dont au Palais
J'aurois pû craindre obſtacle au deſſein que je fais ;
Ainſi d'Eucherius j'ay refuſé la grace,
Seur que demain au Trône il pourra prendre place,
Et ſi dans un bonheur à mes ſouhaits ſi doux
Placidie oſe eucor... mais elle vient à nous ;
Retourne, Mutian, c'eſt en toy que j'eſpere,
Et ta preſence ailleurs peut m'eſtre neceſſaire.

                              SCENE

SCENE II.
PLACIDIE, STILICON.

PLACIDIE.

QUoy, d'un lâche imposteur on differe l'arrest?
Est-ce ainsi que d'un fils vous prenez l'inte-
            rest?
Par un emportement à peine concevable
Vous semblez prévenir ce qui le rend coupable,
Et quand il s'offre jour à le croire innocent,
On ne remarque en vous qu'un zéle languissant ;
De tous ceux que Felix a nommez pour complices
Aucun ne se confond par la peur des supplices,
Chacun separément avec luy confronté
Fait voir à nier tout la mesme fermeté ;
Jamais Eucherius n'en souilla l'innocence,
Jamais de l'attentat ils n'eurent connoissance ;
Enfin aucun n'advoüe, & tous également
Repossent un forfait que leur vertu dément ;
Pour tirer de Felix des clartez plus certaines
Pourquoy n'employer pas les tourmens & les gênes?
La voye est assez prompte, & les moyens aisez
De rendre ce qu'on doit aux autres accusez,
Que son rapport contre eux soit faux ou veritable,
De la mort de Zenon il est toûjours coupable,
Et comme l'attentat à ce crime est uny,
Sans rien mettre en balance il doit estre puny.
Si cette épreuve est juste, elle est deuë à ma gloire,
On sçait d'Eucherius ce que j'ay voulu croire,
Et l'on doit faire enfin connoistre à l'Empereur
Si le sang qui m'anime est sujet à l'erreur.

STILICON.

Madame, je n'attens qu'à presser sa justice
De vouloir de Felix ordonner le supplice ;
Mais seul avec mon fils qu'il a voulu revoir,
Il examine encor ce qu'on n'a pû sçavoir.

Sur-

Surpris que Pompejan, Straton, Rufus, Terence,
Au lieu de l'accufer, montrent fon innocence,
Il hefite, & par luy cherche à déveloper
Qui d'eux ou de Felix afpire à le tromper;
Mais le gênes rendront fon audacé inutile,
Et le Ciel eft trop jufte...

SCENE III.
PLACIDIE, STILICON, LUCILE.

LUCILE.

AH, Madame!

PLACIDIE.   Lucile,
Qu'eft-il arrivé? parle.

LUCILE.
                Il n'en faut plus doûter.
L'ingrat Eucherius...

STILICON.
                Et bien?

LUCILE.
                Ofe attenter.

PLACIDIE.
Que dis-tu?

LUCILE.
                Que pour luy de lâches Parricides
Du fang d'Honorius infolemment avides,
Ont enfin achevé le funefte attentat
Qui fous les loix d'un traiftre affujettit l'eftat.

STILICON.
O crime! ô perfidie, à qui toute autre cede!
Mais apprens-nous le mal pour fonger au remede,
Peut-eftre...

LUCILE.
Vos efforts y feront fuperflus,
Le Coupable triomphe, & l'Empereur n'eft plus.

P L A-

PLACIDIE.

Il est mort ?

LUCILE.

Apprenez par ce que j'ay veu faire,
Si la raison encor peut souffrir qu'on espere.

STILICON.

L'Empereur seroit mort ? acheve promptement;
Qu'as-tu veu ?

LUCILE.

Je passois par son appartement,
Quand dessus l'escalier une trouppe arrestée
Tout à coup pour entrer s'est enfin presentée.
Les Gardes aussi-tost pour luy prester secours
De quelques-uns des leurs tranchent les tristes jours,
Et presque en un moment leur barbare injustice
A grands coups de poignard s'en fait un sacrifice.

PLACIDIE.

O Ciel !

LUCILE.

A ce spectacle immobile d'effroy,
Je le sens redoubler par tout ce que je voy;
La porte s'ouvre, on entre, & par cette surprise
Seurs de ne plus trouver d'obstacle à l'entreprise,
Ils sont à peine entrez que j'oys des cris confus
De *Meure l'Empereur, & vive Eucherius.*

PLACIDIE.

Le traistre !

LUCILE.

Marcellin avec sa foible escorte,
Proche du cabinet en occupoit la porte,
Le Coupable à sa garde ayant esté donné,
L'Empereur le mandant, il l'avoit amené;
Ainsi contre eux sans doute il s'est mis en deffence,
Mais des siens & de luy que peut la resistance ?
Ils auront beau donner leur sang à leur devoir,
Le zéle est inutile où manque le pouvoir.
Pour moy qu'à fuir soudain la crainte a condamnée,
Plaignant de l'Empereur la triste destinée,
J'ay long-temps au Palais publié son trépas,
Sans pouvoir bien connoistre où je portois mes pas.

P L A-

PLACIDIE.

Ah ! rien n'a pû sans doute empéscher ce grand crime,
L'Empereur à leur rage a servy de victime,
C'en est fait, & mon cœur par un traistre abusé
Voit trop tard dans ce mal l'erreur qui l'a causé ;
A moy-mesme, à mon sang, à tout l'Estat perfide,
Pour le croire innocent, j'ay fait son parricide,
Et l'appuy criminel que j'osois luy prester,
Suspendant son arrest, a tout fait éclater.

STILICON.

Madame, pardonnez dans un sort si contraire
A la stupidité qui me force à me taire,
Je voy d'un noir complot le surprenant effet,
Et ma raison se perd dans l'horreur du forfait :
Mais ce qui le suivra vous va faire connoistre
Ce que je prens de part dans la mort de mon Maistre,
Et si par l'attentat son destin avancé...

SCENE IV.

HONORIUS, STILICON, PLACIDIE, LUCILE.

HONORIUS.

NE crains rien, Stilicon, le peril est passé,
Et la faveur du Ciel t'a conservé ce Maistre,
Dont la mort te livroit aux attentats d'un traistre.

PLACILE.

Ah, Seigneur, vous vivez !

STILICON.

Seigneur...

HONORIUS.

Embrasse-moy,
Je dois cette tendresse à ton zéle, à ta foy,
Ton devoir dans ton fils m'offroit une victime...

PLACIDIE.

Pour ce coupable fils oublierez-vous mon crime,

Sei-

Seigneur ? dans son forfait mon esprit partagé..
HONORIUS.
Ah ! vous seule, ma sœur, en avez bien jugé,
Il estoit innocent, & jamais l'imposture
N'avoit fait soupçonner une vertu si pure.
PLACIDIE.
Quoy, ce n'est pas pour luy qu'à hauts cris declarez..
HONORIUS.
Son nom s'est fait oüir parmy les Conjurez ;
Mais on l'a veu bien-tost contre leur esperance
Aux dépens de leur sang prouver son innocence.
STILICON.
Mon fils n'est point coupable : ah ! permettez, Sei-
   gneur,
Que je coure joüir d'un si rare bonheur,
Qu'en ses embrassemens..
HONORIUS.
       Tu le vas voir paroistre,

Demeure.
PLACIDIE.
   Mais, Seigneur, connoissez-vous le traistre?
Pour qui conspiroit-on ?
HONORIUS.
      C'est-ce qu'on va sçavoir
Par ceux des assassins qui sont en mon pouvoir,
Du Ciel dans leur deffaite admirez la justice.

Ils voioyent à leurs vœux l'occasion propice,
Dans les nouveaux soupçons qui m'avoyent alarmé,
Seul avecque ton fils je m'estois enfermé ;
Mais ils ne sçavoyent pas que dans la juste crainte
Dont on a veu pour moy l'Imperatrice atteinte,
Des plus zélez des miens quelque nombre sans bruit
Par son appartement dans le mien introduit,
Dedans mon cabinet armé pour ma deffence,
Contre la trahison faisoit mon asseurance ;
Marcellin par mon ordre au dehors demeuré,
Estoit trompé luy-mesme, & l'avoit ignoré,
Et n'ayant avec luy que deux des siens pour suite,
A me laisser perir voyoit sa foy reduite ;
Lors qu'entrez en tumulte, & leurs indignes cris

Nous ayant fait songer à n'estre point surpris;
De Marcellin à peine ils bravent l'impuissance,
Qu'il nous voit tout à coup sortir à sa deffence.
Ce secours imprévû les ayant estourdis,
Fait d'abord à nos pieds tomber les plus hardis;
L'effroy suit aussi-tost leur attente trompée,
Et ton fils de l'un d'eux ayant saisi l'épée,
Les yeux estincelants d'une illustre fureur,
Quoy, vive Eucherius, & mettre l'Empereur,
Traistres? & de l'effet la menace est suivie,
Son bras n'attaque point qu'il n'en couste une vie;
Il pousse, il frappe, il tuë, & par de si grands coups,
L'avantage du nombre est tout entier pour nous.
C'est alors que cedant à l'ardeur d'un beau zele,
Pour des lâches, dit-il, cette mort est trop belle,
Nos mains à trop d'entr'eux ont ouvert le tombeau.
Reservons ce qui reste à celles d'un bourreau,
Sous l'horreur des tourmens qu'ils parlent, qu'ils m'ac-
  cusent.
De leur dernier espoir ces mots les desabusent,
Chacun cherche une mort qu'il ne peut obtenir;
On épargne leur vie afin de les punir,
On les met hors d'estat d'aucune resistance,
Et leur party par-là demeurant sans deffence,
Les derniers qu'à l'instant Eucherius poursuit
N'esperent qu'en la fuite où leur sort les reduit;
Marcellin le seconde & luy preste main forte,
Et dans la noble ardeur qui tous deux les transporte,
Rien ne peut dérober ces lâches revoltez
Aux supplices affreux qui leur sont apprestez.

   S T I L I C O N.
Ah! puis qu'il reste à vaincre, accordez-moy la
  gloire
D'achever avec eux cette grande victoire,
Je rougis que sans moy l'on vous ait secouru.
   Il sort.

   H O N O R I U S.
Enfin d'Eucherius l'innocence à parû,
Et j'espere, ma sœur, qu'estant toûjours aimée.
      P L A-

PLACIDIE.

Seigneur, pour vous encor je suis toute alarmée,
Ne me demandez rien, vous vivez, je le voy,
L'entreprise est destruite, & c'est assez pour moy.

SCENE V.

HONORIUS, PLACIDIE, MARCELLIN, LUCILE.

MARCELLIN.

Seigneur...

HONORIUS.

Et bien enfin ? nos traîtres par leur fuite
N'ont pû d'Eucherius éviter la poursuite ?

MARCELLIN.

Des trois les deux sont pris, & de sa propre main
L'autre s'est mis sur l'heure un poignard dans le sein;
Mais un nouveau malheur dont tout mon cœur soû-
        pire...

HONORIUS.

Ciel ! qu'ay-je à craindre encor ?

MARCELLIN.

                    Je tremble à vous le dire;
Mais je balance en vain ce funeste rapport,
Eucherius n'est plus.

HONORIUS.

Il est mort ?

MARCELLIN.

                    Il est mort.

PLACIDIE.

Pourray-je déguiser la douleur qui m'accable ?
Lucile, quelle atteinte !

HONORIUS.

                    O Prince déplorable !
Eucherius n'est plus, mais dans un tel malheur
Acheve, Marcellin, de me percer le cœur,

Apprens-nous de sa mort ce que tu peux connoistre.

MARCELLIN.

Avec la mesme ardeur qu'il vous a fait paroistre
Lors qu'à vos yeux, Seigneur, il combatoit pour
　　vous,
Sur ceux qui le fuioyent il porte son couroux.
Comme s'il s'offençoit du secours qu'on luy preste,
C'est luy seul qui combat, luy seul qui les arreste.
Il ne s'apperçoit point qu'assez proche du flanc
Une large blesseure épuise tout son sang,
Soit qu'au premier combat il l'eust déja receuë,
Soit que de ce dernier ce fust l'injuste issuë,
A peine est-il finy, qu'en suite d'un faux pas
Les forces luy manquant, il tombe entre mes bras;
Soudain l'Imperatrice accouruë à nostre aide,
A ce triste accident cherche à donner remede;
Mais luy de sa pitié desadvoüant l'effet,
Je meurs, dit-il, *Madame, & je meurs satisfait,*
Puis qu'avant mon trépas j'ay fait voir à mon Maistre
Que je meritois peu l'infame nom de traistre;
J'aimois, & c'est l'adveu d'un insolent amour
Qui m'avoit sçeu déja rendre indigne du jour,
Le Ciel juste par tout fait plus qu'on n'osoit croire,
Punissant mon audace il conserve ma gloire,
Et me souffre l'espoir d'un assez doux repos,
Pourveu que ma Princesse... Il expire à ces mots,
Et l'Amour à la mort par une juste envie
Dérobe le soûpir qui termine sa vie.

HONORIUS.

Enfin un plein succés a suivy vos refus,
Vous triomphez, ma sœur, Eucherius n'est plus.
Ayant veu contre luy l'imposture soufferte,
Il a pour l'estouffer précipité sa perte,
Et crû dans les soupçons d'un crime lâche & bas
Un affront assez grand pour n'y survivre pas.

PLACIDIE.

Ah, Seigneur! il vous faut ouvrir toute mon ame,
Mon orgueil jusqu'icy s'est immolé ma flame;
Mais quand d'Eucherius j'ay creusé le cercueil
Je dois à mon amour immoler mon orgueil.

Ce Heros dont toûjours la vertu ma charmée,
N'euſt point eſté ſuſpect s'il ne m'euſt pas aimée,
Et l'injuſte refus d'avoüer ſon amour
A çauſé l'accident qui le prive du jour ;
Je l'aimois toutefois, mais de cette victoire
Ma jalouſe fierté luy déroboit la gloire,
Je le voulois au Trône, & l'ardeur de regner
M'offroit dans ce deffaut dequoy le dédaigner ;
Ces dédains affectez ne cherchoyent qu'à vous dire
Qu'il auroit ſçeu me plaire en partageant l'Empire,
Et j'oſois me flater que pour prix de ſa foy
Vous le ſçauriez par là rendre digne de moy.
Enfin il ne vit plus, & de mon arrogance
Je dois à ſa chere Ombre une pleine vangeance,
D'un trop ſuperbe eſpoir le ſuccés decevant
Veut qu'il obtienne mort ce qu'il n'a pû vivant,
Qu'avec éclat pour luy mon cœur toûjours s'expli-
        que,
Qu'ainſi que mon orgueil ma flame ſoit publique,
Et qu'au moins devant tous dans mes vives douleurs,
Ne pouvant rien de plus, je luy donne des pleurs.

SCENE VI.

HONORIUS, PLACIDIE, STILICON, MARCELLIN, LUCILE, Suite.

HONORIUS.

ET bien, du Sort enfin la rage eſt aſſouvie,
Ton fils eſt innocent, mais ton fils eſt ſans vie;
Et je tremble à t'oüir tout bas me reprocher,
Que ſi je vis encore, il t'en couſte bien cher.

STILICON.

Seigneur, mon fils eſt mort, la Nature effrayée
N'oſe voir de quel prix voſtre vie eſt payée,
Et quand vous le ſçaurez; ſi dedans voſtre erreur
Vous tremblez de pitié, vous tremblerez d'horreur.

HONO-

HONORIUS.

Ah ! quoy que par le sang ta douleur se souſtienne,
Elle ne peut aller au delà de la mienne,
Et ſi par la vangeance on peut la ſoulager...

STILICON.

Apprenez donc ſur qui mon fils ſe doit vanger,
Mais pour voir dans ſa mort quel deſeſpoir m'ac-
cable,
Sçachez auparavant de quoy je fus capable.
Je vous aimay, Seigneur, & l'on ne vit jamais
Plus de zéle répondre à de rares bienfaits ;
Ce zéle dans mon cœur n'en ſouffrant aucun autre,
M'euſt fait cent fois donner tout mon ſang pour le
voſtre,
Et dans vos intereſts ma tendreſſe & mes ſoins
En ont peut-eſtre eſté de fidelles témoins ;
La vertu m'inſpirant par de ſecretes flames,
J'eus tous les ſentimens qui font les grandes ames,
La gloire me fut chere, & cent nobles exploits
Pour en marquer l'ardeur ne manquent point de
voix ;
Heureux, ſi du Deſtin la jalouſe puiſſance
M'euſt épargné d'un fils la fatale naiſſance ;
Par là de ma vertu ſa rigueur vint à bout,
Ce fils fut une idole à qui j'immolay tout ;
Mon amour dans ce fils ou bien pluſtoſt ma rage
Du titre de Sujet ne pût ſouffrir l'outrage,
Et ſans l'en conſulter, mon ingrate fureur
Voulut par voſtre perte en faire un Empereur.
J'en prononçay l'arreſt, & je la crûs certaine ;
Jugez par cet adveu de l'excez de ma peine.
Pour élever mon fils au rang où je vous voy,
J'ay trahy vos bien-faits, j'ay violé ma foy,
J'ay démenty mon ſang, j'ay pris le nom de traiſtre,
J'ay porté le poignard dans le ſein de mon Maiſtre,
J'ay ſouillé lâchement la gloire de mon ſort ;
Cependant, cependant, Seigneur, mon fils eſt mort.

PLACIDIE.

Quoy, méchant ? pour cacher une ame baſſe & noire,
Tu pûs feindre !

HONO.

HONORIUS.
  Ma sœur, oseriez-vous le croire,
Et pressé de douleur, ne vous fait-il pas voir,
Qu'en tout ce qu'il s'impute il suit son desespoir ?
    STILICON.
Non, non, mon desespoir ne cherche point à fein-
    dre,
Ayant perdu mon fils, je n'ay plus rien à craindre ;
Assez des Assassins entre vos mains restez,
Vous peuvent confirmer ces dures veritez.
Pour couronner ce fils qui n'eust pû le pretendre,
Moy seul à son deceu je faisois entreprendre,
Voyant qu'au repentir Zenon avoit cedé,
Par mon ordre aussi-tost Felix l'a poignardé,
Sur mon fils par mon ordre il a jetté le crime
Qui devoit cette nuit vous faire sa victime,
Et de ma dureté l'éclat mysterieux,
Le traitant de coupable, ébloüissoit vos yeux ;
Inventez des tourmens, imaginez des gênes,
Sa mort passe pour moy les plus affreuses peines,
De son pere aujourd'huy je me voy son bourreau,
Je le voulois au Trône, & le mets au tombeau.
Le Ciel, dont la puissance à nos desseins preside,
Tourne contre moy seul mon lâche parricide,
Et l'avide fureur de mes projets trahis,
Ne me rend criminel que pour perdre mon fils.
Aprés mes attentats que j'ose vous apprendre,
Sçachant ce qui m'est dû, Seigneur, je vais l'atten-
    dre,
Et connois trop encore un reste de devoir,
Pour vous plus exposer à l'horreur de me voir.
    PLACIDIE.
Attendant qu'à loisir on en puisse resoudre,
Suivez-le, Marcellin.

SCENE VII.
HONORIUS, PLACIDIE, LUCILE.

HONORIUS.

MA sœur, quel coup de foudre !
Abismé tout à coup dans un gouffre d'ennuis,
Abandonné, trahy, sçay-je encor qui je suis ?
Je pers Eucherius, & ma douleur amere,
Cherchant son assassin, le trouve dans son pere.
O rigueur du Destin à ma peine endurcy !
C'est le perdre deux fois que de le perdre ainsi ;
Dans l'arrest où déja je me croy voir contraindre,
Tous deux également rendent mon sort à plaindre,
Et je le vois tous deux, pour croistre ma douleur,
L'un m'exposer son crime, & l'autre son malheur.
Fut-il jamais vn mal comme le mien extréme !
Je cheris Stilicon à l'egal de moy-mesme,
Et de cette tendresse où vole tout mon cœur,
Au seul Eucherius je partage l'ardeur ;
Plein de ces sentimens, un revers effroyable,
Me fait voir le fils mort & le pere coupable,
Et sa fatalité qu'on n'a sçeu prévenir,
Quand j'ay l'un à pleurer, m'offre l'autre à punir,
O toy, dont la vertu toûjours brillante & pure,
Presse mon amitié de vanger ton injure,
D'un si cruel devoir daigne me dispenser,
Ou me donne du sang que je puisse verser ;
Si c'est le criminel qui te doit satisfaire,
Je ne trouve à t'offrir que celuy de ton pere,
Et son crime à punir dans ton funeste sort,
Passe toute l'horreur où me plonge ta mort.
Ah ! que n'a-t'on souffert qu'aux dépens de ma vie
Un coupable si cher assouvist son envie !

Ce

Ce revers euſt peut-eſtre eſté moins important,
Il vivroit satisfait, je serois mort content.
Cette triste grandeur, dont l'éclat me demeure,
Ne vaut pas l'embarras ny la mort que je pleure;
Mais où m'ont emporté ces regrets ſuperflus,
Tandis que Stilicon...

SCENE VIII.

HONORIUS, PLACIDIE, MARCELLIN, LU-
CILE, Suite.

MARCELLIN.

SEigneur, il ne vit plus,
A peine eſt-il ſorty, qu'ordonnant ſon ſupplice,
Iuſqu'au bout a-il-dit, pouſſons noſtre injuſtice,
Sous mille affreux tourmens un juſte & vif remords
Me devroit reſerver à ſouffrir mille morts;
Mais de ce lâche cœur l'ingratitude extréme
Ne ſouffre point pour moy de bourreau que moy-meſme,
Lors un fer tout à coup dans ſon ſein enfoncé.

HONORIUS.

Son forfait eſt puny, mais non pas effacé,
Et quoy qu'un vain remords ait pû luy faire croire,
Sa main par ſon trépas ne luy rend pas ſa gloire.
Ne m'abandonnez point au trouble où je me voy,
Ma ſœur, perdant ſon fils, vous perdez comme moy,
Et ma douleur ne peut eſperer d'autres charmes,
Que de joindre pour luy mes ſoûpirs à vos larmes,
Et de voir qu'avec moy voſtre pitié d'accord,
Me ſeconde à pleurer le malheur de ſa mort.

Fin du cinquiéme & dernier Acte.